Ulrich Schaffer

Wenn die Stille spricht

HERDER spektrum

Band 5038

Das Buch

Unterwegs sein zu sich selbst: Aus den Erlebnissen Erfahrungen werden lassen; den Alltag verstehen, verarbeiten, gestalten; nach innen hören und antworten auf das, was das Leben an uns heranträgt. Aufschreiben, was ist und was sich in mir tut, Worte finden für das, was ich erlebe und für meinen inneren Zustand, das können Schritte sein auf dem Weg zu mir selbst. Nicht nur im Tun: gerade im Innehalten, Nachdenken und Reflektieren wird das Leben voller, reicher, intensiver. Diesen Weg stellt Ulrich Schaffer in diesem Band vor und lädt Leserinnen und Leser ein, ihn zu gehen. Wer bin ich? Wer werde ich sein, oder: wer will ich sein? Was ist, um mich und in mir, und was ist möglich? Fragen, die Menschen umso mehr beschäftigen, als es keine eindeutigen Lebenskonzepte mehr gibt, als wir alle die Wahl haben unter vielen Möglichkeiten, als wir immer wieder vor der Entscheidung stehen, unseren Weg selbst zu gestalten. – Ulrich Schaffer ist überzeugt: wir tragen in uns ein Wissen um den richtigen Weg. Etwas in uns weiß mehr, als wir bewusst wissen. Das Tagebuchschreiben kann eine Form des Hörens sein, eine Möglichkeit zur Besinnung auf das Wesentliche in einer Zeit der Zerstreuung. Der Autor schreibt selbst seit Jahren sein Journal: für diesen Band hat er die Aufzeichnungen versammelt, die das Unterwegssein nach innen, den Weg des Bewusstwerdens nachgehen. Texte, die aufmerken lassen, Fragen, die sich nicht mit der ersten Antwort zufriedengeben, Worte, die im Gedächtnis bleiben, Gedanken, die weiterführen. 400 Eintragungen, eine jede wert, reflektiert und im eigenen Leben ausprobiert zu werden. Leserinnen und Leser werden angeregt, innezuhalten, nachzudenken und nachzuhorchen – und vielleicht selbst zum Stift zu greifen und schreibend zu sich selbst zu kommen. Ein tiefes und inspirierendes Buch. Ausführliche Einleitung mit Tipps für das eigene Tagebuchschreiben.

Der Autor

Ulrich Schaffer, 1942 in Pommern geboren. 1953 wanderte die Familie nach Kanada aus, und Ulrich Schaffer verbrachte seine Jugend im Norden von British Columbia. Er studierte Germanistik und Anglistik an der University of British Columbia und in Hamburg. 1970 bis 1981 war er Dozent für europäische Literatur an einem College in Vancouver. Seit 1981 ist er freischaffender Schriftsteller und Fotograf. Lesereisen führen ihn zweimal im Jahr nach Europa, wo er Kontakt mit seinem Publikum hält.

Ulrich Schaffer

Wenn die Stille spricht

Im Tagebuch sich selbst begegnen

Herder
Freiburg · Basel · Wien

Konzeption und Schriftgraphiken: Ulrich Schaffer
Herstellung: Freiburger Graphische Betriebe 2000
Umschlaggestaltung und Konzeption:
R·M·E München / Roland Eschlbeck, Liana Tuchel
Umschlagmotiv: © Hartmut W. Schmidt
ISBN: 3-451-05038-2

Vorwort

Mit viel Freude lege ich diese Auswahl aus meinen Tagebüchern vor. Es soll gleichzeitig eine Ermunterung zum Tagebuchschreiben und ein Nachdenkbuch sein. Etwas mehr als die Hälfte der Eintragungen stammt aus bereits veröffentlichten Tagebüchern, die anderen sind neu. Ich habe die Eintragungen den Tagebüchern von 1980 bis 1999 entnommen.

Für mich ist das Veröffentlichen von Aufzeichnungen aus meinem Alltag nicht ein Nebenprodukt meines sonstigen Schreibens. Es ist mir so wichtig wie mir meine Gedichte, Meditationen, Erzählungen, Romane und die Sachprosa sind. Manchmal habe ich das Empfinden, dass ich in meinen Tagebucheintragungen am meisten ich selbst sein kann. Ich muss nichts fertigstellen, was noch nicht fertig ist in mir. Der Text muss keine bestimmte Form haben, darf lang oder kurz sein, sachlich oder metaphorisch, darf frech, humorvoll oder tiefsinnig sein. Im Tagebuch ist alles möglich und es darf alles ohne eine Erklärung nebeneinander stehen.

Ich habe die Gedanken ein wenig thematisch geordnet. Beim Auswählen habe ich darauf geachtet, dass die Texte nicht nur meine ganz privaten sind, sondern auch einen allgemeinen Charakter haben. Das Vorwort stammt aus einem früheren Band mit Tagebuchaufzeichnungen – ich habe es überarbeitet.

Ich wünsche meinen Leserinnen und Lesern gute eigene Gedanken beim Lesen und den Mut, das Tagebuchschreiben zu probieren und dabei sich selbst zu entdecken. In uns allen steckt viel, was wert ist ergründet zu werden.

ulrich schaffer

Gibsons im Januar 2000

Ich wünschte sehr, dass kein gedankenloser Schwätzer, keine hochnäsigen Leute, Haarspalter, Ohrenbläser, ewig Beschäftigte und Kritikaster dieses Buch zu Gesicht bekommen. Für solche habe ich es nicht geschrieben und möchte, dass sie die Finger davonlassen. Das gleiche gilt auch für alle, die nur hinter dem Neuesten her sind, gleich ob sie gebildet sind oder nicht. Mögen sie sonst gute Leute sein im alltäglichen christlichen Leben. Aber dieses Buch entspricht nicht ihren Bedürfnissen.

Vorwort zur „Wolke des Nichtwissens"
einer Einführung in das mystische Gebet,
im 14. Jahrhundert von einem uns
unbekannten Autoren verfasst

Für alle,
die auf der leidenschaftlichen Suche
nach dem Hintergrund
und Urgrund der Dinge sind,
die nicht aufgeben,
auch wenn man sie belächelt
oder wenn sie mal mutlos werden.

Für die Wühler und Schatzgräber
im Reich der Kleinigkeiten,
für die Spinner, die immer Zeit haben
für ein sinnvolles Gespräch
und einen gefüllten Blick.

Das Tagebuchschreiben als Weg zu sich selbst

Wer zu seinem Tagebuch kommt,
kommt zu sich selbst und zur Welt,
er umarmt die Erscheinungen des äußeren Lebens
und umarmt seine Erfahrungen...

– Marie Luise Kaschnitz

Schon lange vor Augustins „Bekenntnissen" und in den 1600 Jahren seitdem ist das Aufzeichnen von Erlebnissen und Gedanken für viele eine wichtige Form der Verarbeitung von Erlebtem gewesen. Es scheint, als ob uns unsere Erlebnisse durch ihre Gestaltung und durch eine gestaltete Reaktion auf sie noch fester und tiefer gehören. Durch die Verarbeitung, die auf ganz verschiedene Art geschehen kann, wird aus dem Erlebnis eine Erfahrung, die ihre Spuren im Leben des Menschen hinterlässt. Wo diese Verarbeitung nicht stattfindet, bleibt eine Erlebnisgier, die nicht zu stillen ist. Laotse, der weise Chinese, hat schon vor 2600 Jahren treffend gesagt: „Je weiter du rennst, desto weniger kennst du. Der Weise versteht die Welt, ohne zu reisen." (Die Beatles haben übrigens diesen Gedanken dann direkt in eines ihrer Lieder aufgenommen.) Es geht also nicht um mehr Erleben sondern um die Durchdringung des Erlebten. Wichtig ist dabei das Zeithaben. Wo Erlebnis zu Erlebnis kommt, ohne dass Zeit zur Reflexion bleibt, da verlieren die einzelnen Ereignisse ihre Bedeutung. Sie gehen in der Flut unter.

Es gibt viele Arten des Reagierens auf Erlebtes. Die geläufigen Kunstformen sind Reaktionen auf innere oder äußere Abläufe. Malen, Schreiben, Bildhauern, Schauspielern, Tanzen, jeweils mit ihren vielen Unterteilungen und Kombinationen, sind Versuche der

Verarbeitung und Gestaltung. Aber bei diesen Gedanken zum Tagebuchschreiben geht es mir nicht in erster Linie um Kunstformen, sondern um die Bewältigung des Alltäglichen. Das Gestalten eines Zimmer, das Entdecken des Briefschreibens, das Wandern mit offenen Augen, das schöpferisch geführte Gespräch, das kreative Kochen sind Unternehmungen, bei denen es immer wieder um dasselbe geht. Wir wünschen etwas zu erwidern auf das, was das Leben an uns heranträgt. Wir wollen antworten, uns bemerkbar machen, uns ausdrücken. Unser Ausdruck – und es geht hier nicht so sehr um einen kunstvollen, sondern um einen ehrlichen Ausdruck – ist ein Stück Verarbeitung und Gestaltung.

Ich glaube, dass dieser Vorgang ein ganz grundlegender im Menschen ist. Grund–legend: Wir erarbeiten uns mit diesem Erwidern ein Stück Festland, wir legen einen Grund, auf dem wir das Leben wieder ein Stück besser verstehen und ertragen können. Es gehört Mut zu unserer Seelenhygiene. Ich merke manchmal, dass meine Seele ein großes Durcheinander ist. Es fällt mir auf, dass dies meistens so ist, wenn ich dieses Verarbeiten, diese Ruhe zum Reflektieren, dieses nach innen Hören, vernachlässigt habe. Ich muss mich dann zurückziehen, stille Zeit für mich haben, nichts tun, vielleicht etwas lesen, einfach nur Denkzeit haben. Dann ordnet sich manches wieder in mir. Wenn ich dann sogar aufschreibe, was sich in mir tut, wenn ich versuche, Worte zu finden für meinen inneren Zustand, dann verstehe ich mich selbst meistens wieder besser. Es kann mir dann aber auch helfen, meine Kamera zu schnappen und ein Paar Stunden fotografieren zu gehen oder in der Dunkelkammer zu verschwinden und einige Vergrößerungen abzuziehen. So finde ich wieder zu mir.

Dieses Durchreflektieren oder Gestalten macht das Leben nicht unbedingt leichter. Es kann sein, dass mir

Dinge auffallen, die mir unangenehm sind. Daraus kann eine tiefe Traurigkeit entstehen. Ich begegne aber dabei mir selbst mit allem, was in mir steckt. Ich will nicht verdrängen, sondern ansehen. Ich lerne meinen Schatten kennen, das Unverstandene und Ungeliebte an mir.

Ich möchte hier eine Reihe von Beobachtungen mit der Leserin/dem Leser teilen über das, was das Tagebuchschreiben bedeuten und auslösen kann. Ich habe es immer wieder als einen Weg zu mir selbst erlebt und möchte darüber auf den nächsten Seiten reflektieren.

In Nordamerika ist das Tagebuchschreiben zu einer Art Subkultur geworden. In allen großen Städten werden Workshops dazu abgehalten. Es gibt Anleitungsbücher für solche, die anfangen wollen und es gibt Gruppen, die ihre Erlebnisse mit ihren Journalen austauschen. Bei einer Umfrage wurde festgestellt, dass das Tagebuchschreiben eines der wichtigsten Hilfen zur persönlichen Veränderung ist. Es ist als eine Hilfe zu verstehen, um das Gespräch mit seinem tiefsten Inneren und mit Gott aufzunehmen. Für viele ist es der Anfang eines neuen Weges geworden. Die folgenden Gedanken versuchen zu erklären, warum es so wertvoll sein kann.

Das Leben setzt sich aus Kleinigkeiten zusammen

Sicherlich hat schon jeder erlebt, dass gerade die Kleinigkeiten unser Tagesempfinden oft stark verändern, zum Guten oder zum Schlechten. Die großen Entwicklungen „haben wir im Griff", weil wir auf sie eingestellt sind. Wir sehen sie kommen oder leiten sie sogar ein, etwa einen Wohnungs- oder Berufswechsel, Eheschließung oder Scheidung, das Aufgeben oder Vertiefen von Freundschaften, ein neues Hobby, die Entscheidung, wo man seine Ferien verbringen will. Sie treffen uns zwar und bestimmen unser Leben, aber wir lernen irgendwie, damit umzugehen. Es ist Zeichen unseres Erwachsenseins, diese Dinge zu meistern. Und wenn wir sie nicht meistern, gibt es immer noch die Hilfe von außen: Seelsorger, Berater, Therapeuten. Es wird auch immer akzeptabler, dass wir zuzeiten diese Hilfe annehmen.

Ganz anders ist es im Bereich der sogenannten Kleinigkeiten. Die hat man selbst zu verarbeiten. Die dürfen einen überhaupt nicht so treffen und umtreiben. Und doch kann ein liebloses Wort einen erwachsenen Menschen aus dem Gleis werfen. Die Entscheidung, was zu einer gewissen Festlichkeit am besten zu tragen wäre, kann einem den Tagesanfang verderben. Für manche ist der Tagesanfang die Weichenstellung für den Rest des Tages. Auch setzt sich unser Bild von uns selbst größtenteils aus den „Kleinigkeiten" zusammen, die uns rückgemeldet werden. Daher sind wir so anfällig für Kleinigkeiten und können sie nicht so leicht abtun, wie wir meinen.

Darum ist es wichtig, die Kleinigkeiten mit ihren Auswirkungen zu bemerken und zu verstehen. Nur so werden wir ihnen nicht total ausgeliefert sein. Im Tagebuch haben darum gerade Kleinigkeiten ihren Platz – die kleinen Enttäuschungen, Freuden, Fehlschläge und Regungen. Von ihnen lernen wir viel über uns selbst und werden so fähiger, mit dem Großen umzugehen. Gerade im Bereich der kleinen Freuden merke ich, wie schnell ich vergesse, was mich froh gemacht hat. An die negativen Erlebnisse erinnere ich mich länger, und fast unmerklich bekommt mein Leben durch diese verschobene Perspektive eine Einseitigkeit, die vielleicht nur auf Vergesslichkeit zurückzuführen ist. Durch das bewusstere Erleben – und das geschieht durch das Aufzeichnen – entdecken wir, dass unser Leben viel reicher ist, als wir vermutet haben. Wir haben einfach zu viel übersehen. Dies ist auch zu verstehen, weil wir in einer Gesellschaft leben, in der häufig nur Superlative zählen. Da hat das Kleine, Unscheinbare, „Unwichtige" keinen Platz. Aber wir werden dadurch ärmer. Das Tagebuch kann uns helfen, den eigenen Reichtum zu entdecken und bewusster mit ihm zu leben.

Einen Namen finden

Es gehört mit zum Menschsein, alles zu benennen. Ein Name überwindet Abstand. Wenn wir einen Namen für etwas gefunden haben, bedroht es uns nicht mehr so sehr. In jeder Kultur ist der Name des Menschen sehr wichtig. Wir brauchen Namen, um Ordnung und Übersicht zu schaffen.

Der Prozess des Schreibens ist, allem einen Namen zu geben. Die Welt wird handhabbarer. Wir können alles anreden. Eine Kommunikation kann stattfinden. Im Tagebuchschreiben wird dies ganz deutlich. Uns geht es nicht gut, wir leiden an irgend etwas. Beim Notieren dieses Zustandes finden wir Worte, die uns näher an diesen Zustand heranführen. Wir beginnen zu verstehen. Wir können mit uns selbst, und vielleicht dann später auch mit jemand anderem, darüber reden. Unser Leid hat einen Namen und damit hat es auch ein Gesicht bekommen. Vielleicht lässt sich jetzt auch der Ursprung finden, und es mag sogar Möglichkeiten geben, Entscheidungen zu treffen, die diesen Zustand verändern. In diesem Vorgang haben wir uns an etwas herangeschrieben und es dann schreibend begriffen. So erobern wir Leben. Wir finden den Weg aus dem Diffusen und Unklaren.

Wie oft empfinden wir das Gefühl des Fremdseins in der Welt! Dabei ist es doch unsere Welt! Wir haben uns nur nicht wohnlich in ihr gemacht. Wir haben sie nicht bei dem richtigen Namen gerufen, damit sie sich uns auftun konnte. Den richtigen Namen zu finden, das ist es, worum es im Schreibprozess geht. Der Schreibende schafft mit Worten eine Entsprechung zu der Welt in und um sich, so wie es der Maler mit Farben tut. Weder die gefundenen Worte noch die gemalte Landschaft sind identisch mit Worten und Farben. Doch für den Schreibenden und Malenden ist es jetzt eher möglich geworden, mit dem Überwältigenden des Lebens umzugehen. Nur so kann ich mir die tiefe Freude erklären, die ich so oft beim Schreiben erlebe. Es sind doch nur Worte auf dem Papier, denke ich dann. Es sind eben nicht nur Worte, sondern es ist ein Gespräch mit mir und der Welt um mich.

Natürlich hat auch das Benennen seine Grenzen. Manches will namenlos bleiben. Es gibt Gefühle, Phänomene und Gedanken, für die es keine eindeutigen Entsprechungen in der Sprache gibt, Da werden wir sprach-los. Kein Wort trifft, was wir spüren. Und doch ist es schon ein großer Schritt, diese Sprachlosigkeit bewusst zu erleben. Wirklich erlebte Spachlosigkeit liegt näher beim Überwältigtsein als beim Diffusen, Unklaren. Da bleibt dann nur noch das Annehmen des Namenlosen.

Tagebuchschreiben, um das Unbewusste zu erkennen

In uns passiert ständig etwas. Wir nehmen wahr, wir registieren, wir reagieren, wir urteilen, wir kombinieren. Aber wir realisieren und duchschauen viele dieser Vorgänge nicht. Sie bleiben unter der Oberfläche. Vielleicht wundern wir uns nur, warum uns ein Mensch so wenig gefällt, während uns ein anderer begeistert, oder warum wir uns heute so wohl fühlen, während wir erst gestern so unglücklich waren. Wir spüren vielleicht Kräfte in uns, wissen aber nicht, woher sie kommen und wie mit ihnen umzugehen ist. Wir ahnen Verbindungen zwischen dem, was wir denken, und einer inneren Welt, können diese Verbindungen aber nicht bewusst herstel-

len. So bleibt uns die Welt in uns, die uns sta
flusst und oft für die Stimmungen, aus denen wir
verantwortlich ist, unbekannt. Das Tagebuchschre
eine Art Bewusstmachungsübung. Durch da
schreiben gehen wir manchem einfach gründlicher nach.

Zum Beispiel entdecke ich, dass mir eine Person nicht gefällt, weil sie sehr viel Ähnlichkeiten mit einer anderen Person hat, mit der ich schon lange Mühe habe. Vielleicht stelle ich fest, dass ich eine gewisse Idee ablehne, nicht weil mir die Idee nicht gefällt, sondern weil ich die Unsicherheit, die mit der Idee käme, scheue. Oder ich erlebe meine Projektionen: Ich verliebe mich in jemanden, weil diese Person einem inneren Traumbild von mir entspricht. Insgesamt werde ich meine Motivierungen besser durchschauen und bewusster mit ihnen umgehen. Das Leben tritt aus dem Bereich der Stimmungen in den Bereich der Entscheidungen. Ich bin nicht mehr so stark meinen Trieben, Bedürfnissen und Verknotungen ausgeliefert. Ich entscheide, und wenn ich entscheide, habe ich stärker das Empfinden, dass mein Leben mir gehört und dass ich nicht nur gelebt werde, weder von mir selbst noch von meiner Umwelt.

Gerade das Aufschreiben von Ahnungen, Bildern, Gefühlen und Vermutungen schafft uns die Begegnung mit dem Unbewussten. Was wir zuinnerst tragen, bringen wir so aus uns heraus und zu Papier, wo wir es ansehen und untersuchen können. Es bleibt dann nicht nur ein flüchtiger Gedanke, eine „Anwandlung", der wir nicht viel Bedeutung beimessen. Die schriftliche Fixierung macht sie wichtig. Wenn wir dann feststellen, dass „nichts dahinter" war, können wir sie loslassen. Aber zumindest haben wir versucht, der tieferen Dimension in uns nachzugehen. Manches verstehen wir auch nicht, weil die Zeit dafür noch nicht reif ist. Wir würden nicht ertragen können, was wir entdecken.

Von Jesus hieß es, dass er wusste, was im Menschen war. Ich vermute, dass er dies wusste, weil er wusste, was er in *sich* trug. Er lebte bewusst. Er kannte sich und wusste darum was andere nötig hatten. So fand er die richtigen Worte für die Frau am Brunnen oder für den blinden Bartimäus. Er wusste auch, was er selbst wollte, er ließ sich auf der Hochzeit von Kana nicht unter Druck setzen und schwieg vor Herodes.

Es geht also beim Kennenlernen des Unbewussten, beim Verstehen der stillen, unsichtbaren Hintergründe nicht nur um eine übertriebene Selbstanalyse, sondern es geht um ein Durchdringen und Verstehen des Lebens, um dann formgebend, gestaltend und schöpferisch am Leben teilzunehmen. Mit der wachsenden Bewusstwerdung nimmt die Lebensqualität zu, auch wenn damit das Leben nicht unbedingt einfacher wird.

Bei all diesen Überlegungen geht es ja nicht nur um mich selbst, um den Schreibenden und Bewusstwerdenden. Ich verstehe andere Menschen immer nur so weit, wie ich mich selbst verstehe. Die Menschen, die die Zusammenhänge in ihrem eigenen Leben nicht verstehen und nicht versuchen, sie zu durchschauen, werden ihre Mitmenschen immer wieder nur als Rätsel erleben. Unsere starke Tendenz, andere zu richten, ist sicherlich mit einem fehlenden Bewusstsein unserer selbst verbunden. Was wir in uns selbst nicht verdrängen müssen, weil wir es verstehen und annehmen können, auch wenn es dunkel und schwierig ist, brauchen wir im andern nicht zu verurteilen. Jesus wendet sich so vehement gegen das Richten, weil nicht nur der Gerichtete zerstört wird, sondern weil der Richtende dabei weiter unbewusst leben kann, eben weil er nicht auf sich sieht, sondern auf den andern. Das Gleichnis von dem Menschen, der einen Balken im Auge hat und einen anderen richtet, der nur einen Splitter im Auge hat, macht dies deutlich. Dem Menschen mit dem Balken fehlt jede Selbsterkenntnis.

Tagebuchschreiben hilft uns, den eigenen Weg rückblickend zu erkennen

Um Wachstum feststellen zu können, muss man Vergleichsmöglichkeiten haben. Ich stelle nur fest, dass ein Baum gewachsen ist, wenn ich ihn im letzten Jahr gemessen habe und ihn jetzt wieder messe. Ähnlich geht es mir mit mir selbst. Weil ich ständig bei mir bin, fällt es mir manchmal schwer, festzustellen, was wirklich bei mir passiert ist. Die Veränderungen sind so klein und gehen so langsam vor sich, dass ich mir nicht sicher bin, ob sich tatsächlich etwas getan hat.

Ein anderes Bild: Wenn man sich umdreht, sieht man an seinen Spuren, wo man gewesen ist. Aber man muss Spuren hinterlassen. Tagebuchschreiben ist Spuren hinterlassen. Im Schreiben gerate ich immer wieder an die Grenzen meiner Persönlichkeit. Ich merke, wo ich Angst habe, wo ich nicht weiterdenken kann oder will, ich spüre, was mich verletzt, ich begegne meinen Sehnsüchten und Träumen. Ich notiere direkt und indirekt auch meine Erfolge, meine Selbstüberwindungen, mein Glück. Das sind meine Spuren. Auch reagiere ich auf das, was das Leben an mich heranträgt: ein Buch, ein Film, ein Gespräch, ein politisches Ereignis, eine Begegnung. Meine Reaktionen sind meine Spuren.

Beim späteren Lesen entdecke ich dann meine Veränderungen. Ich bin überrascht, wenn ich lese, was mich vor zwei oder drei Jahren beschäftigt hat, wo ich vor einem Problem gestanden habe, das schier unlösbar schien. Oder ich merke, dass mich eine Frage schon vor Monaten indirekt interessiert hat, dass sie aber erst jetzt zu einer formulierten Frage geworden ist. Oder ich spüre, dass ich reifer geworden bin, wenn ich lese, wie ich früher über manche Menschen gedacht habe. Ich merke wie nie zuvor, dass ich in einem fortlaufenden Prozess stehe. Durch die aufgezeichneten Erlebnisse bekomme ich eine greifbare Vergangenheit. Mein Leben wird mir wertvoller, ich finde eine Heimat in meinem Denken und Handeln.

Die verarbeitete Vergangenheit kann man ohne Angst ansehen. Viele leiden unter dem Ungeklärten ihrer Vergangenheit und verlieren so die Beziehung zu sich selbst, wie sie früher waren. Sie leben geschichtslos und wiederholen darum auch oft ihre eigene Geschichte, ohne dabei zu wachsen. Sie kommen nicht los von ihr, und zu freien Entscheidungen. Aufzeichnungen über mich selbst und meine Welt geben mir diese Geschichte und machen mich zunehmend freier, meine eigene Geschichte kreativ zu schreiben.

Tagebuchschreiben stellt Kontinuität her

Viele Menschen leben ein zerstückeltes Leben. Hier die Arbeit, da die Familie, hier der Glaube, da die Hobbys, hier die Freunde, da die Träume. Alles klafft auseinander, zerfällt in Fragmente. Es fehlt der Zusammenhalt. Wir haben Geheimnisse vor uns selbst, kriegen die Stücke unseres Lebens nicht zusammen und kommen uns komisch vor.

Im Tagebuch, das offen, ehrlich und direkt geführt wird, begegnen sich all diese Seiten. Wir können lernen, die Einzelstücke zuerst zusammen zu denken und dann auch zusammen zu erleben. Das Tagebuch kann uns helfen, unser Leben mehr und mehr „aus einem Stück" zu gestalten. Es geht auch hier wieder darum, die Zusammenhänge zu entdecken. Wir erleben zwar „punktuell", müssen aber versuchen, die Einzelerlebnisse sinnvoll zueinander in Beziehung zu setzen. Ich reagiere heute so, weil ich gestern oder letztes Jahr etwas ganz Bestimmtes erlebt habe. Integriert zu leben heißt, die kausalen

Verbindungen zu begreifen. Aber ich werde sie nur begreifen, wenn ich mich beobachte und reflektiere, und es ist nicht genug, dies gedanklich zu tun. In unseren Gedanken neigen wir dazu, uns entweder im Kreis zu bewegen, also immer wieder nur dasselbe zu denken, oder aber gewisse Gedanken, besonders wenn sie schmerzhaft sind, nicht zu Ende zu denken. Was wir dann brauchen, ist eine selbstauferlegte Disziplin. Durch das Tagebuchschreiben ermutigen wir uns selbst, zunächst gedanklich und dann später auch handelnd in Neuland vorzustoßen. Ein Kreis-Denken oder ein abgebrochenes Denken ist offensichtlicher, wenn es auf Papier passiert und nicht nur im Kopf. Wenn wir ehrlich sein wollen, dann ist es schriftlich schwerer, uns selbst etwas vorzumachen, als gedanklich. Unsere Denkfehler werden uns eher auffallen. Wir werden so konsequenter denken und dann auch handeln. Und Konsequenz hat viel mit Kontinuität zu tun. Da, wo wir aus unserem Zentrum handeln, gibt es zwar auch das starke Erlebnis, das uns betroffen macht, aber es wirft uns nicht so aus der Bahn, dass wir hauptsächlich Verunsicherung spüren. Weil der Kern Kontinuität herstellt, hat das einzelne Erlebnis seinen Ursprung und seinen Platz mitten in unserem Leben. Es ist kein Fremdkörper, sondern Resultat meines bisherigen Lebens. Mit anderen Worten: Wenn ich um meine Ängste weiß, werde ich meine Kompensierungen für diese Ängste besser durchschauen und mir nicht so leicht in die Tasche lügen; wenn ich meine Wünsche gut kenne, werde ich mir nicht so leicht glauben, wenn ich eine Ideologie aufbaue, um mir diese Wünsche leichter und ohne schlechtes Gewissen zu erfüllen; wenn ich die zerstörerische Selbstverneinung entlarve, werde ich nicht überrascht sein, wenn der Wunsch nach Bestätigung und Selbstbestätigung überstark in mir wird und ich dementsprechend handle.

Wenn ich etwas durchschaue, heißt das nicht, dass ich dann gleich ganz anders leben müsste. Es kann eher heißen, dass ich mir gewisse Dinge erlauben muss, um meine Entwicklung organisch weiterwachsen zu lassen. Aber ich bin nicht mehr Spielball meiner Erlebnisse. Ihre Macht über mich ist relativiert. Ich bestimme mein Leben. So entscheide ich mehr und mehr aus dem Kern in mir heraus, und gerade dadurch wächst auch der Kern in mir. Ich werde mit mir selbst identisch. Die Wende im Leben des verlorenen Sohnes kam, als es von ihm heißt: Er ging in sich. Er kam zu sich. Ich gehe in mich und nicht mehr nur in die Erlebnisse. Weil ich ich bin und mich habe, habe ich Kontinuität.

Tagebuchschreiben: (Wieder-)Entdecken der Sprache

Wie viele von uns sagen oft: Dafür finde ich keine Worte! Ich erlebe oft, dass Menschen mich ansprechen und mir sagen, dass das, was sie in meinen Büchern lesen, dem entspricht, was sie unartikuliert in sich spüren. Sie sind dankbar, dass jemand es für sie sagt. Sie erleben es als eine Erleichterung, Worte zu hören, die ihrem Inneren entsprechen.

Und doch müssen wir unsere eigenen Worte für unsere inneren Zustände finden. Der andere kann nie ganz unsere Stimme sein. Da, wo wir ihn oder sie zu unserer Stimme machen, vernachlässigen wir etwas an uns selbst. Der tiefste Wunsch, den ich meinen Büchern mitgebe, ist darum auch nicht, dass andere meine Gedanken nachempfinden oder nachsprechen können, sondern dass der Leser durch die Lektüre zu seinen eigenen Gedanken und Einstellungen findet. Erst dann ist das Buch erfolgreich gewesen.

Die Grenze zwischen Sprachlosigkeit, Sprachvernachlässigung und Sprachfaulheit ist fließend. Die Sprache ist wie eine Person, die man umwirbt, die man liebt. Mit wachsender Liebe wird sich uns die Sprache öffnen, uns einlassen und beschenken. Ich habe eine Liebesbeziehung zur Sprache. Sie ist mir wie eine nahe Freundin. Manchmal rette ich mich in die Sprache. Sie gibt mir Geborgenheit, Freiheit, Freude. Sie öffnet mir Schleichwege zu mir selbst und zu anderen. Sie hilft mir, Zusammenhänge im Leben zu entdecken. Sie ist Werkzeug, Musikinstrument und Schlüssel.

Für mich ist es ein beglückender Moment, wenn ich die Worte oder Wortbilder gefunden habe, die einen inneren Zustand in mir deutlich machen. Es ist ein Erfolgserlebnis, wenn etwas Verborgenes mittels des Wortes, dieser einfachen Buchstaben auf dem Papier, sichtbar und greifbar geworden ist.

Die Sprache ist unser Hauptkommunikationsmittel, und doch vernachlässigen wir sie sehr. Wir gehen unachtsam mit ihr um und wundern uns dann, dass wir einander missverstehen. Ein Tagebuch zu führen kann uns helfen, die Sprache zu einer Verbündeten auf unserem Weg zu uns selbst zu machen. Die Schriftstellerin Marie Luise Kaschnitz hat es so ausgedrückt:

„Es liegt mir daran, noch zu sagen, dass ich eine große Befürworterin des Tagebuchschreibens auch der Nichtschriftsteller bin. Gerade diesen kann es das Glück und die Pein vermitteln, die jeden erfüllen, der etwas Bestimmtes auf eine bestimmte Weise auszudrücken versucht. Auch der Nichtschriftsteller kann auf solche Art etwas festhalten, das ihm sonst vielleicht unwiederbringlich verloren wäre. Selbst wenn er nur kurze Sätze, nur Leitworte hinschreibt, wird sein Gedächtnis ihn später mit einer Fülle von Einzelheiten überschütten."

Die Sprache ist ein wichtiger Weg zu uns selbst und zueinander. Viele gehen ihn nicht, weil er wie alle anderen Wege zu uns selbst, zu unseren tiefen, wirklichen Wünschen und Sehnsüchten, ein schwieriger Weg ist.

Tagebuchschreiben entwickelt Kreativität

„Der Vorgang des Schreibens löst Denkprozesse aus, die ohne den Vorgang des Schreibens nie ausgelöst werden können, Gedanken, die ich vorher hatte, erweisen sich plötzlich als falsch aus dem einzigen Grund, dass sie keinen oder nur einen schlaffen und unzulänglichen Satz erlauben. Schreibend werde ich so auf neue Geleise des Denkens rangiert und komme dann an ein Ziel, wohin ich nicht wollte, um dort zu entdecken, dass ich am richtigen Ziel bin. Schreiben ist also ein Umweg, den das Denken einschlägt, um mit mir ans Ziel zu kommen, das scheinbar auf keinem direkteren Weg als diesem Umweg erreichbar ist."

Kurt Marti

Wir fühlen uns wohler, wenn wir kreativ sind, weil wir uns selbst dabei mehr erleben. Es ist ein tiefes Bedürfnis des Menschen, gestaltend am Leben teilzuhaben und nicht nur zu konsumieren. In den letzten Wochen beobachte ich eine Frau, die gerade begonnen hat zu aquarellieren und zu zeichnen. Schon lange hat sie es tun wollen. Jetzt hat sie den Schritt gewagt und ist überwältigt von der Welt, die sich ihr auftut. Sie will nicht berühmt werden, denkt noch nicht einmal an eine Ausstellung ihrer Arbeiten. Das ist überhaupt nicht wichtig. Sie ist dabei, sich ganz neu zu entdecken; in ihr bewegt sich etwas, und das macht sie glücklich. Sie kämpft mit der Technik und den Materialien, um das zu Papier zu bringen, was sie in sich trägt. Es ist auch nicht wichtig, dass Macke oder Nolde besser aquarellieren konnten, besser als sie es je können wird. Sie steht in keiner Konkurrenz. Ihr Ziel ist es, lediglich das zu gestalten, was sie in sich sieht. In ihrem kreativen Unternehmen mit all seinen Fehlschlägen empfindet sie sich als besonders lebendig.

Mit dem Tagebuchschreiben ist es ähnlich. Es geht nicht um große Literatur oder Schriftstellerei – es geht um die Gestaltung des inneren Lebens. In uns allen schlummert Ungeahntes, das darauf wartet, von uns ins Leben gerufen zu werden. Das erfordert Disziplin und Konzentration. Wenn man nur auf den Kuss der Muse wartet, geschieht meistens nicht viel. Es ist Arbeit, kreativ zu sein.

Ich empfinde immer wieder, dass das Tagebuchschreiben einen der einfachsten und direktesten Zugänge zu dieser Lebenseinstellung bietet. Ich schreibe über mich und meine Welt, ich fange bei mir an und sehe, wohin es mich führt. Es mag mich vom Tagebuchschreiben wegführen zu einem anderen kreativen Ausdruck, oder ich kann meine Ausflüge in neue Bereiche, die sich mir öffnen, tagebuchschreibend begleiten. Wichtig ist nur, dass ich diese schöpferische Einstellung dem Leben gegenüber gewinne, um zu mir selbst und zur Welt um mich zu finden.

Tagebuchschreiben als Selbsttherapie

Jeden Tag finden auf der Welt viele, viele Gespräche statt: Therapiegespräche, in denen ein Mensch einem anderen „sein Herz ausschüttet" und schon darin Erleichterung erlebt. Der eine braucht den anderen in erster Linie zum Zuhören. Der gute Zuhörer erlaubt ihm das zu sagen, was in ihm ist, was sich da an Verknotungen, Verbiegungen und Verklemmungen angesammelt hat und ihn hindert, das Leben fließen zu lassen.

Beim Tagebuchschreiben bin ich beides, der Sprechende und der Hörende. Ich schreibe und lese, was ich geschrieben habe. Ich werde mein eigener Seelsorger. Bei einem guten, weiterführenden, helfenden Gespräch geht es darum, dass der Hilfesuchende seine Nöte und Probleme formuliert. Wir scheitern so oft, weil wir unsere Wünsche nicht von innen nach außen bringen. Die Wünsche werden dann nie zu Handlungen, sondern bleiben Wunschträume, die unerfüllbar scheinen. Und weil dies schmerzhaft ist, spüren wir dann immer weniger Wünsche und formulieren noch weniger. Das ist der Abstieg in die Wunschlosigkeit in Form von Empfindungslosigkeit.

Es geht also um das Formulieren dessen, was ich will, um das Formulieren meiner Stellung. Das Tagebuch wartet wie ein Hörer auf unsere Sprache. Es fordert uns heraus, Worte für unsere inneren Zustände zu finden, wie ein Therapeut. Wenn unser Tagebuch nicht nur aus abgehobenen Kommentaren zu politischen oder kulturellen Ereignissen besteht, sondern wenn wir in unserem Tagebuch wirklich vorkommen, wenn wir in ihm „drin" sind, dann wird es uns einen Spiegel vorhalten, in dem wir sehen, wo wir gesunden können, wo wir Hilfe brauchen, und vielleicht auch, woher die Heilung kommen könnte. Das Tagebuch ist dabei lediglich das Medium, durch das wir uns selbst das sagen können, was wir wissen. Es hilft uns auf den Weg der Selbstheilung. Wir finden Worte.

Es ist nötig, noch zu erwähnen, dass es natürlich Probleme gibt, die kein Tagebuchschreiben lösen kann, Es kann sogar sein, dass sie gerade durch das Reflektieren und Schreiben akut werden. Das Schreiben ist kein Allheilmittel, und jede/jeder muss ganz persönlich entscheiden, wie weit sie/er allein gehen kann und wann Hilfe von außen nötig ist. Wer Tagebuch schreibt, begibt sich auf einen Weg, der nicht gefahrenlos ist, der aber Wunden offenlegt, damit Heilung für sie gesucht wird.

Ich, Du auf dem Weg in die Zukunft

Die uralte Frage: Wer bin ich? wird seit Tausenden von Jahren gestellt, und jede Generation und jeder einzelne beantwortet sie anders. Die Frage lässt uns nicht los. Vielleicht fasziniert sie uns so, weil sie nicht mit Worten, sondern nur durch unser Leben direkt zu beantworten ist.

Ich merke, dass in den letzten Jahren eine andere Frage den Platz der obigen eingenommen hat. Sie lautet: „Wer werde ich sein?“ Oder noch genauer formuliert : „Wer will ich sein?“ „Wer bin ich?“ ist die Frage der Gegenwart. "Wer will ich sein?“ ist die Frage der Zukunft. Manchmal langweilt mich die Gegenwart. Sie ist so erreichbar, so ohne Mysterium, eben weil sie schon da ist. Dann reizt mich die Zukunft, aber nicht im Sinne von „in die Zukunft schauen“, das meine ich nicht. Ich will nicht wissen, was sein wird, aber ich möchte wissen, dass etwas sein kann, dass es ungeahnte Möglichkeiten gibt. Ich muss nicht wissen was sich von diesen Möglichkeiten realisieren lässt, aber ahnen möchte ich, dass es sie gibt. Ich finde es dann bestürzend, festzustellen, was in mir und durch mich möglich sein kann. Fast alles ist offen. Die Gegenwart mit ihrem Erreichten wirkt dagegen fast fade.

Oft geht es uns miteinander ähnlich. Wir langweilen einander. Ich kenne X und Y. Ich weiß in etwa ihre Reaktionen, ihren Geschmack, ihre Sprache, ihre Gestik, ihre Angewohnheiten. Sie sind vorhersagbar geworden. Zu dem Vorhersagbaren gehören auch die Überraschungen, die sie ab und zu liefern. Und ihnen geht es mit mir ähnlich. Ich wiederhole mich, ich habe meine Steckenpferde, meine fast gleichbleibenden Nöte und Vorlieben.

Was uns an uns selbst und am anderen fasziniert, ist das Potential. Wo wir uns durch unsere Ziele, durch das Angestrebte definieren, da werden wir wieder interessant. Da reißen wir das Erreichte der Gegenwart auf und begeben uns auf einen Weg. Ich bin ja nicht nur der, der ich bin, sondern ich bin auch mein Ziel, mein Traum, meine Vorstellung. Sie leben in mir und tragen zu mir bei. Ich bin zwar der, der ich bin aber noch viel mehr. Ich bin auch meine Sehnsucht nach dem, der ich sein will.

Meine schönsten Gespräche mit Menschen sind die, in denen wir unsere Träume vergleichen und austauschen. Nicht Träume als Flucht vor dem Jetzt und vor dem Leben, sondern als Entwurf für die Zukunft, die ja in konstanter Berührung mit der Gegenwart existiert, die also nicht weit weg ist, sondern schon hier, schon fühlbar, schon zu gestalten.

Für mich ist darum das Leben ein ständiger Versuch, Wege in die Zukunft anzulegen, die die Zukunft dann zu dem machen, was ich mir vorstelle. Mein Leben jetzt ist der Versuch einer Mitbestimmung, wie die Zukunft sein wird. Ich akzeptiere nicht, dass ich der Zukunft einfach ausgeliefert bin. Die Zukunft ist zu großen Teil ein Resultat meiner kreativen Beschäftigung mit ihr.

Mein Tagebuchschreiben ist immer wieder sehr hilfreich, um zwei Dinge zu klären: Wo bin ich? und wo will ich hin? Durch diese Beschäftigung lerne ich ein besseres Hören nach innen. Ich lerne die Gegenwart besser einzuschätzen und werde empfänglicher für das Ahnen des wechselnden Weges in meinem Leben. Ich identifiziere die Gegenwart und „höre" die Zukunft. Ich werde stärker ein Teil des Flusses, der mein Leben ist. Dabei sind die vielen „kleinen" und „unscheinbaren" Regungen genauso wichtig wie das Große, Dramatische. Die Unterteilung fällt fast weg. Wichtig ist meine jetzige Stellung zu mir selbst, zu meinen Mitmenschen, zu Gott, und zur Welt um mich. Und wichtig ist ebenso meine Vorstellung, wie diese Beziehungen sein könnten und wie ich sie mir wünsche. Kurz gefasst: Was ist und was ist möglich?

Tagebuchschreiben ist darum kein Rückzug in eine innere Welt, bestimmt von Egozentrik, sondern das Bauen an einer noch unsichtbaren, erhofften Welt, die aber im nächsten Moment schon sichtbar wird. Ich glaube, dass unsere Welt Besinnung braucht. Zumindest die westliche Welt. Oft verlieren wir gerade das, was wir erreichen wollen, in zuviel Aktion. Darum ist Besinnung eine ganz besondere Form von Aktion. Ich glaube, dass sie das Herz der Aktion ist. Ich wünsche mir einen besonnenen Geist, der kreativ an meiner Zukunft und der Zukunft der Welt mitgestaltet und der Liebe einen größeren Platz einräumt.

Wie fange ich praktisch an?

Der äußere Rahmen des Tagebuchschreibens ist sehr wichtig. Es nur nebenbei und halbherzig zu tun bringt nichts. Wir müssen uns selbst die besten Voraussetzungen schaffen, um das Schreiben durchzuhalten und ein Stück weiter auf dem Weg zu uns selbst zu kommen.

Wie soll mein Tagebuch aussehen?

Es ist wichtig, ein Buch oder Heft zu wählen, das uns gefällt und in das wir gern schreiben. Ich schreibe in relativ dünnen, kleinen schwarzen Heften, die nur 10x17 Zentimeter groß sind. Sie haben einen weichen Deckel, und ich kann sie einfach in die Jackentasche stecken und überallhin mitnehmen. Das ist mir wichtig, weil ich unterwegs oft Dinge sehe und mir Gedanken kommen, die ich vielleicht vergessen habe, bis ich wieder zu Hause bin. Diese Hefte sehen nicht besonders schön aus, aber sie sind mir zu guten Freunden geworden, weil sie so leicht mitzunehmen sind und ich ihren Reichtum und ihre Möglichkeiten buchstäblich in der Tasche fühle. Andere schreiben in feineren Büchern, mit Stoff überzogen, einladend lustig oder klassisch elegant. Es ist wichtig, dass unser Tagebuch etwas Eigenes ist, das zu uns passt. Es gehört mit zu dem persönlichsten, was wir besitzen. Wir vertrauen ihm unser Inneres an. Schon bei der Auswahl des Buches sollten wir uns Zeit lassen, um das zu finden, was uns entspricht. Es ist wichtig.

Das Schreibgerät
Auch das ist sehr wichtig, vielleicht noch wichtiger als das Buch. Mit einem klecksenden Füller oder Kuli zu schreiben, oder mit einem Bleistift, der so hart ist, dass man stark drücken muss, kann einem das ganze Schreiben verleiden. Das Schreiben selbst muss schon Spaß machen. Ich merke, wie die Freude am Schreiben auch mein Denken beflügelt. Mir kommen Gedanken, damit meine Hand weiterschreiben kann. Für mich ist der Akt des Schreibens vergleichbar mit dem Akt des Sprechens: Ich forme Buchstaben zu Worten auf dem Papier, so wie ich Laute zu gesprochenen Worten und Sätzen forme. Es ist ein schöpferischer Akt. Ich bin in meiner Hand, die schreibt. Wichtig ist, dass das gewählte Schreibgerät die Leserlichkeit der Handschrift fördert und selbst kein Hindernis im Schreibvorgang ist.

Weil viele von uns täglich mit Computern umgehen, bietet sich auch dieses Werkzeug als Schreibgerät an. Wir können uns ein paar Minuten am Anfang oder am Ende des Tages nehmen und mit uns selbst ins Gespräch treten.

Zeit und Ort
Ob ich durch das Tagebuchschreiben weiter auf dem Weg zu mir selbst komme, kann eine Frage der Selbstdisziplin sein. Im Wachstumsprozess geschieht nichts im Handumdrehen. Das meiste geschieht durch kontinuierlichen Einsatz. Es ist Arbeit.

Ich glaube, dass es sinnvoll ist, eine Zeitlang jeden Tag, oder fast jeden Tag zu schreiben. Es kann sein, dass sich gerade bei dieser Disziplin Bereiche in uns öffnen, die sonst verschlossen blieben. Es ist wichtig, dass wir nicht nur über große Ereignisse und tiefe Einsichten schreiben, sondern gerade auch über Alltägliches und Unscheinbares. Da leben wir ja, und da müssen wir uns selbst verstehen.

Ich schreibe gern abends, wenn der Tag fast vorbei ist. Die Ereignisse des Tages ziehen noch einmal an mir vorbei, und ich kann sie durchreflektieren. Aber natürlich kann jede Tageszeit „richtig“ sein. Es mag auch sein, dass wir die Menschen, die mit uns sind, ein wenig trainieren müssen, damit sie uns unsere Schreibzeit wirklich lassen. Es ist auch wertvoll, wenn man einen Ort hat, wo man schreiben kann, einen Ort, der schon in sich denkfördernd ist und an dem wir die Gedanken vom Vortag weiterspinnen kann. Ich habe meinen Schreibtisch, an dem ich umgeben bin von Büchern, die mich zum Denken anspornen. Das ist mein Denkraum. Aber ich schreibe auch gern woanders: am Frühstückstisch, wenn ich mal allein esse, unterwegs beim Zelten, in öffentlichen Verkehrsmitteln oder wo sonst mich noch Gedanken überfallen. Weil ich manchmal auch länger im Auto unterwegs bin, habe ich mir einen kleinen Kassettenrecorder gekauft. Ich kann Gedanken, die mir beim Fahren kommen, auf Tonband sprechen und sie dann später in mein Tagebuch übertragen.

So kann das Tagebuchschreiben zu einem ganz integralen Teil des Tages werden. Es kann wie Waschen und Essen sein, und in gewisser Weise ist es das.

Was schreibe ich?

Alles, was mich angeht! Beim Tagebuchschreiben geht es in erster Linie um den Schreibenden. Weil es vermutlich nicht veröffentlicht wird, wird es von kaum jemandem außer dem Schreibenden gelesen. Es ist also eine ganz private Angelegenheit. Es muss darum niemand und nichts gerecht werden. Wenn der Schreibende sich als wichtig und zentral in diesem Vorgang versteht, dann wird er auch wirklich über sich selbst schreiben. Das Begreifen der eigenen Wichtigkeit ist der Ausgangspunkt für ein Tagebuch. Der, der begreift, dass die Liebe die Welt erschließt, wird auch verstehen, dass die Liebe zu sich selbst ebenso ein Schlüssel ist.

Es ist schwer zu sagen, über was zu schreiben ist. Das Tagebuch kann Beichthörer sein. Es kann Fluchtort sein, wenn ich nichts und niemand mehr hören und sehen will. Es kann der Ort sein, wo ich mich selbst herausfordere und mir letzte Ehrlichkeit abverlange. Es kann der Ort sein, wo ich Geheimnisse aufbewahre, die mein Leben reich machen und die ich mit niemandem teile, bis der richtige Moment gekommen ist. Es kann der Ort sein, wo ich meine eigene Entwicklung gewissenhaft und liebevoll beobachte unf vorbereite. Das Tagebuch kann ein Erinnerungsbuch sein, wo ich Steine „aufrichte" wie die Patriarchen des Alten Testaments es taten, um gewisse Ereignisse nicht zu vergessen. Das Tagebuch kann ein Gebetstagebuch sein, in dem ich meine Wünsche und Freuden, die ich Gott sage, aufzeichne. Es kann auch ein Traumtagebuch sein, in dem ich die Träume, die mein Unbewusstes mir schickt, notiere und durchreflektiere, um festzustellen, was noch alles in mir zum Leben kommen will und wo die Blockaden liegen, die aufzuräumen sind. Es kann all das und viel mehr sein. Das muss jeder Schreibende für sich allein entscheiden. Wichtig ist, dass ich das Erlebnis der „Resonanz" habe. Das, was ich schreibe, muss mich angehen, es muss um das gehen, was mich umtreibt. Wenn mein Schreiben aus dem hervorgeht, was in mir klingt, dann wird auch das Geschriebene etwas in mir zum Klingen bringen, auch wenn es manchmal gar nicht so leicht ist herauszufinden, was in uns klingt. Wir sind so vollgestopft mit Vorstellungen von dem, was wir „sollten" und „müssten" und was „wichtig" ist, was wir denken dürfen und was nicht, dass der Weg zu unseren eigensten Regungen blockiert ist. Durch das Tagebuch können wir versuchen, den Weg „freizuschreiben".

Schreibhindernisse und -hilfen

Langeweile beim Schreiben, das Empfinden, dass man sich wiederholt, dass man nichts zu sagen hat oder dass das Gesagte doch unwichtig ist, sind die wichtigsten Hindernisse. Da bietet es sich dann an, aufzuhören. Ein weiteres Hindernis ist unser Bedürfnis nach Abrundung und Komplettheit. Wir meinen, wir müssten etwas wissen oder beschreiben, was wir weder wissen noch beschreiben können. Wir verführen uns selbst zur Unehrlichkeit. Manch eine dogmatische, enge Position entsteht aus der Unsicherheit, etwas nicht zu wissen. Wir sagen dann mehr, als wir sind, und glauben es uns dann auch noch selbst. Es ist darum wichtig, gerade im Tagebuch einen Ort zu haben, wo ich ganz zu mir stehen kann, wie ich jetzt bin. Das heißt nicht, dass die Vorstellung von einem angestrebten Ziel nicht auch Platz im Tagebuch hätte. Keineswegs. Nur brauchen wir nicht so zu tun, als wären wir schon da. Wir müssen nicht vergebender, großzügiger, liebender sein, als wir sind. Wir dürfen da ansetzen, wo wir sind.

Für die äußeren Hindernisse beim Schreiben müssen wir Wege finden, sie zu überwinden. Das Telefon mal nicht abheben, wenn wir mitten im Schreiben sind. Früher aufstehen oder später schlafen gehen, um allein zu sein mit unserem Tagebuch. Einen Abend in der Woche freihalten zum Reflektieren und Aufzeichnen. Wo ein Wille ist, ist auch ein Weg. Aber wir werden diesen Weg erst finden, wenn wir uns danach sehnen, uns in dieser Art uns selbst zuzuwenden.

Wie die meisten Hindernisse, so liegen auch die meisten Schreibhilfen in uns selbst. Wohl nichts ist so wichtig wie der Wunsch, sich selbst zu finden, und die Ehrlichkeit, mit der man sich auf diesem Weg Fragen stellt und Antworten gibt. Dem Menschen, der entschieden unterwegs zu sich selbst ist, werden auch immer wieder neue Wege einfallen, sich besser zu verstehen, während dem, der diesen Weg eigentlich nicht gehen will, auch keine Tricks und Methoden helfen werden.

Aber vielleicht ist es doch sinnvoll, einiges aufzuzählen, was zu Tagebuchschreiben motivieren kann. Ich finde Worte an sich interessant, darum stelle ich manchmal Wortmeditation an. Ein Wort löst etwas in mir aus, und ich schreibe es auf. Vielleicht sind es nur weitere, einzelne Worte. Auch die können auf eine Spur führen. Ähnlich kann es mir mit Gelesenem gehen. Ein Absatz oder Satz in einem Roman oder Gedicht scheint mir wichtig. Ich schreibe den Satz heraus und mache mir Gedanken darüber. Wichtig ist für mich auch, dass meine Notizen nicht im besten Schuldeutsch abgefasst werden müssen. Niemand wird sie zensieren. Ich darf darum einen Satz halbfertig lassen, wenn mir nicht mehr einfällt. Das Fragment entspricht dem Prozess des Werdens, in dem ich stehe. Ein Film, Konzert oder Theaterstück löst ja gewöhnlich auch etwas in uns aus. Warum gefiel mir der Film (nicht)? Was sagt das über mich aus? Aber ich glaube, dass es kaum etwas gibt, was uns so anregt wie die Fragen, die wir uns selbst stellen und die auch nur wir selbst beantworten können. Für manche Tagebuchschreiber mag es hilfreich sein, diese Fragen – ergänzt durch eigene – auf einem Zettel im eigenen Tagebuch zu haben.

Fragen

1. Was empfinde ich jetzt? (nicht: Was denke ich jetzt?)
2. Was hat diese Empfindung hervorgerufen?
3. Was erwarte ich von mir? Woher kommen diese Erwartungen?
4. Habe ich ein Ziel für mich ganz persönlich? Für meine Ehe, Familie? Für meine Freundschaften?

5. Was stört mich in meiner Entwicklung? Kann ich die Störung beseitigen oder anders mit ihr umgehen?
6. Mache ich mit meiner Freizeit das, was ich will, oder lasse ich sie mir von andern füllen und bestimmen?
7. Was tue ich nur, weil ich meine, man müsste es tun? Warum meine ich das? Erwarten andere tatsächlich so viel von mir, wie ich meine? Kann ich mich mit ihnen über ihre Erwartungen unterhalten?
8 Verzettle ich mich? Kann ich „Nein" sagen?
9. Entscheide ich über mein Leben, oder werde ich von anderen Menschen und von Umständen gelebt? Habe ich volle Verantwortung für mein Leben übernommen?
10. Halte ich es ganz allein mit mir aus, oder brauche ich die Flucht in die Beschäftigung und Ablenkung?
11. Ist meine Weltanschauung wirklich meine Weltanschauung? Glaube ich die Dinge, die ich glaube, wirklich? Traue ich mich zu leben, was ich wirklich glaube?
12. Habe ich mich in den letzten fünf Jahren verändert? In den letzten zwei Jahren? Im letzten Jahr? Habe ich Angst vor Veränderung?
13. Mag ich mich? Was mag ich an mir, was nicht? Was mögen die anderen an mir, was nicht? Kann ich mich verändern?
14. Was gibt mir Energie? Kann ich dem „Energiespender" mehr Raum in meinem Leben geben?
15. Wer will ich in einem, in fünf, in zehn Jahren sein?
16. Was ist mir wichtig? Wird dies in meinem Umgang mit der Zeit deutlich?

Bewusstes Sehen

Nichts als selbstverständlich ansehen. Nichts. Mir das Staunen erhalten. Lebendig bleiben.

Es gibt nichts, woraus nicht etwas zu machen wäre.

Sein Denksystem war der Fallschirm, mit dem er sich immer wieder vor der Freiheit seiner Gedanken rettete. Er traute dem freien Fall seiner Gedanken nicht.

Jeder Verlust bietet mir die Chance, festzustellen, was ich wirklich brauche.

Genug Selbstsicherheit haben, um leben zu können. Genug Unsicherheit spüren, um andere leben zu lassen.

Bald werden die Auswege zu Hauptstraßen und die Ausflüchte zu umfassenden Gedankensystemen.

Jeder
Moment
kann
ein Moment
der
Entscheidung
sein.

Vielleicht ist es eine besondere Begabung, gewisse Situationen im eigenen Leben als „Momente der Entscheidung" zu verstehen. Ein Mensch der so „begabt" ist, oder der sich entscheidet, so zu leben, kann ständig sein Leben verändern, oder seinen Kurs korrigieren. Mir scheint es wie eine besondere Gnade, weil dadurch das Leben eines Menschen nicht durch die Wiederholung regiert wird. Wiederholungen können unser Leben aushöhlen, weil wir das, was wir tun, häufig nicht mit Überzeugung tun. In den Entscheidungen sind immer wieder die Möglichkeiten zur Veränderung gegeben. Ein Mensch, der so lebt, fühlt sich frei und an der Gestaltung seines Lebens beteiligt.

Glück und Unglück, Erfolg und Versagen, Verlust und Gewinn – ihnen allen kann ein Sinn gegeben werden. Wenn wir uns dafür entscheiden, können sie sich nicht unserer Sinngebung entziehen.

Ärmer kann ein Mensch nicht sein, als wenn er nicht mehr fragen kann. Vielleicht entsteht mehr in uns durch unsere Fragen, als durch die Antworten, die wir finden, oder die uns gegeben werden.

Er hatte sich eine Art zu gehen angewöhnt, bei der er immer hinter sich selbst her zu sein schien. Da, wo man ihn sah, wollte er eigentlich schon nicht mehr sein. Sogar sein Spaziergang war darum kein gemächlicher, bei dem ihm vielleicht etwas rechts und links des Weges auffallen konnte, sondern ein Hasten nach etwas Unsichtbaren.

Alles „Müssen" entspringt einer Ideologie und damit einer Unfreiheit. Alles echte „Wollen" entspringt der Freiheit.

Wenn wir etwas durchdenken, denken wir uns auch oft durch das hindurch, was wir durchdenken. Wir kommen an der anderen Seite an und lassen es hinter uns liegen. Es ist eine Denküberwindung.

Es aushalten, vor dem Leben zu stehen, ohne Projektionen und Rechtfertigungen, ohne Schuldzuweisungen und Freisprechungen. Ohne Ideologisierung und Dogmatisierung. Nur stillstehen und aushalten. Vielleicht öffnet sich dann etwas. Das heißt, ohne Trost, ohne Mitleid für mich selbst, ohne Mitleid zu erwarten, ohne in dem Moment jedenfalls eine Änderung zu erhoffen. Nur bezogen zu sein auf das vor einem liegende Leben mit seiner Unverständlichkeit.

Wir ideologisieren unsere Neigungen, nicht unsere Theorien, wollen es aber nicht zugeben, weil damit unsere „Meinung" oder unser „Glaube" nur eine Gefühlsideologie wäre.

Kannst du im Winter deiner Worte erwarten, dass sich jemand getraut zu blühen?

Durch nichts entstehen wir so, wie durch die Gestaltung unseres Lebens. Wer nicht weiß, wer er/sie ist, muss das eigene Leben gestalten – ihm bewusst eine Form verleihen, die nur er/sie ihm geben kann. Dann fällt das Auswechselbare, Zufällige von uns ab. Wir wachsen mehr und mehr in das hinein, was nur wir sein können. Etwas gestalten heißt, sich bewusst für eine Form zu entscheiden, im Gegensatz zu anderen Formen. Bewusst zu essen, zu reden, zu schweigen, bewusst mit seinen Freunden umzugehen – und immer weniger etwas nur zu tun, weil man es einmal getan hat, oder weil man es begonnen hat und meint, jetzt nicht aufhören zu können.

Man müsste in der Schule ein Fach „Selbstausdruck" einführen, in dem Schülerinnen und Schüler das auszudrücken lernen, was in ihnen ist. Die Übungen dürften nicht durch irgendwelche formalen Forderungen vom einzelnen mit seiner inneren Wirklichkeit wegführen, sondern müssten so gestaltet sein, dass der einzelne die maximale Freiheit für seinen ganz persönlichen Ausdruck finden kann. Dazu wären Lehrer nötig, die das selbst schon lange praktiziert haben. Sicherlich gäbe es bei einer Generation, die so aufwächst, weniger kranke Menschen.

Ob ein Mensch sich verändern kann, ob wir es in der Tiefe glauben, ob wir damit rechnen, ohne dadurch Druck auszuüben, daran wird sich letzlich entscheiden ob und wie wir versuchen einem Menschen zu helfen. Helfen ist ja letztlich nichts anderes, als einem Menschen zu ermöglichen, das eigene Leben so verändern zu können, wie diese Person es sich wünscht. Glauben wir nicht, dass ein Mensch sich verändern kann, grundsätzlich und von Grund auf, dann ist es besser, alle Hilfsversuche zu unterlassen. Wir erhöhen sonst nur die Frustration – die eigene und die des anderen – mit der Unveränderbarkeit leben zu müssen. Unser Unglaube, dass sich ein Mensch verändern kann, wird noch das seinige tun, um diese Unveränderbarkeit zu betonen. Aber wenn wir es glauben, dass sich ein Mensch verändern kann, dann ist die ganze Zukunft offen, dann können wir ihm beim Entstehen begleiten.

Niemand zwingt uns, die Welt auf eine gewisse Weise zu sehen. Zwar sind wir durch verschiedenes im Leben geprägt worden und gewisse Entscheidungen haben uns in eine Richtung gebracht. Aber es ist nie zu spät, sich für eine andere Richtung zu entscheiden und dafür etwas zu riskieren. Der Preis mag hoch sein, aber er ist nicht so hoch, wie der, ein fremdes, unechtes Leben zu leben.

Die Geschichte ist voll von Menschen, die sich entschieden haben die Welt anders zu sehen, als man es von ihnen erwartet hat. Sie haben sich für eine gewisse Weltsicht entschlossen und dann alles dafür eingesetzt. Was hindert uns, es auf unsere Weise auch zu tun? Gibt es wirklich einen triftigen Hinderungsgrund?

Niemand zwingt uns, die Welt auf eine gewisse Weise zu sehen.

es ist nie zu spät...

Am Ende ist nicht so wichtig, was wir gedacht haben, auch nicht, wie wir zu welchen Schlüssen gekommen sind und welche Beeinflussungen wir dabei erlebt haben, sondern lediglich, ob wir das gelebt haben, was wir gedacht haben,und ob wir die Gedankengebäude, die relativ leicht zu errichten sind – besonders wenn man nicht vorhat, in ihnen zu wohnen – aus dem Bereich der Hypothesen und des „Es wäre schön, wenn..." herausholt und mit der Intensität und Konsequenz des eigenen Lebens gelebt haben. Die Welt ist voll von Menschen, die wissen, was zu tun wäre, die aber nicht bereit sind, die Unannehmlichkeiten auf sich zu nehmen und verantwortlich mit dem zu leben, was sie begriffen haben. Etwas zu denken und nie vorzuhaben, es zu leben, ist gefährlicher, als es nie gedacht zu haben.

Wie leicht verwechseln wir dringlich und wichtig. Wenn etwas dringlich ist, wirkt es wegen seiner Dringlichkeit wichtig. Meistens ist das Wichtige nicht dringlich. Es hat Zeit, aber irgendwann müssen wir uns ihm zuwenden.

Manchmal erlebe ich, dass alles um mich entweder langsamer oder schneller abläuft als mein Leben. Ich bin eingespannt zwischen die beiden Extreme mit meiner eigenen Zeit, die sich überall stößt. Die Zeit ist etwas ganz Persönliches. Manche Menschen sind durch nichts so voneinander getrennt, wie durch ihr unterschiedliches Zeitempfinden.

Man hat durch Tests festgestellt, dass die Spanne für die „psychologische Gegenwart" zwischen 2,3 und 12 Sekunden liegt. Länger können wir – psychologisch gesehen – nicht in der Gegenwart sein. Was, wenn wir diese Zeitspanne ausdehnen könnten auf eine Minute, eine Stunde, einen Tag? Würde sich nicht die ganze Welt um uns verändern? Könnten wir uns noch sorgen?

Ich erinnere mich, dass ich niemandem etwas schulde, außer denen, bei denen ich mich deutlich und artikuliert auf etwas eingelassen habe. Ich erinnere mich weiter, dass ich auch da, wo ich mich auf etwas eingelassen habe, nicht alle Rechte verloren habe. Ich darf meine Meinung auch ändern und mich, verantwortlich handelnd, aus dem lösen, was für mich tot und nicht lebensfördernd ist. Ich sage mir wieder einmal, dass ich nicht dazu da bin, die Wünsche und Bedürfnisse anderer zu erfüllen. Wenn ich mir das so sage, merke ich, dass ich frei bin, auch Opfer zu bringen.

Ich habe dieses Frühjahr meine Dias gesichtet und 10,000 weggeworfen. Es war mir als würde ich dadurch mehr Raum zum Leben gewinnen. Ich habe das Gefühl, dass es bald noch einmal eine solche Reinigungsaktion geben wird. Es könnten noch einmal 10,000 werden. Ich überlege, was dieses Aufräumen in anderen Bereichen meines Lebens sein könnte. Könnte ich fünf Freunde „loslassen", weil wir durch unsere Entwicklung unsere Freundschaft eigentlich hinter uns gelassen haben? Kann ich zehn Gedanken abtun und sie nicht mehr ansehen? Aber habe ich sie nicht mühsam ein Leben lang entwickelt? Ja, aber wahrscheinlich sind die alten Gedanken in meinen neuen irgendwie enthalten – ich verliere sie also nicht ganz.

Ich höre, dass Arthur Ashe, der Tennisspieler, gestorben ist. Er war 49. In einem Interview wurde er gefragt, ob er Angst vor dem Sterben habe. Er verneinte, weil es für ihn möglich sei, sich auf den Tod vorzubereiten. Seit einer Herzoperation, für die er eine Bluttransfusion brauchte, hatte er Aids. In dem Interview habe ich die Stärke, mit der er „Nein" sagte, bewundert. Als er starb, war sein letztes Zeichen, sein Zeigefinger und Daumen zu einem Kreis geformt: „Es ist o.k.", heißt das. Aber wie lernt man das Vorbereiten auf den Tod? Vielleicht durch das ständige Loslassen. Loslassen, was man versteht, Menschen loslassen, loslassen, was man meint, unbedingt haben zu müssen, Loslassen des Images, das man von sich hat, Loslassen des Bildes, das andere von uns haben, Loslassen von Lehren, Dogmen, Vorstellungen. Und in all dem Loslassen nicht vergessen, sich selbst loszulassen, um sich, wenn auch nur vorübergehend, wieder festzuhalten.

Leben: Gehen auf dünnem Eis.

Wenn er verstehen könnte, dass seine Wunden seine Begabungen sind.

Begreifen: dass das, was ich nicht tue, nicht sage, nicht schreibe, auch ein Gestalten des Lebens ist. Ich bin nicht nur die Summe meiner Taten, sondern auch die Summe meiner Unterlassungen. Was ich nicht tue, prägt mich. Die Leere formt mich genauso wie die Fülle. Die Stille gibt mir eine Gestalt, genauso wie die Worte. Ich spüre, dass mit dem zunehmenden Alter das Unterlassen, das Aussparen, das Nichthandeln als Form des Handelns immer wichtiger werden wird. Ich werde lernen, mich auch durch das, was ich nicht getan habe, zu definieren.

Auf seltsam überraschende Weise fiel mir heute auf, wie gut ich damit lebe, so wenig zu wissen, so unendlich viel nicht gelesen zu haben. Ich lebe und gestalte mein Leben, ohne ständig davon umgetrieben zu werden, was alles noch zu tun wäre. Ich habe meinen Frieden damit gemacht, in gewisser Weise dumm zu bleiben.

Wie schwer, aber auch wie befreiend ist es, nicht über etwas zu befinden. Keine Meinung zu haben, nicht für den Rest der Welt zu denken, keine Lehre zu bilden, nicht zu urteilen, keine Einstellung zu entwickeln, sondern etwas nur anzusehen, es zu beobachten und zu erleben. Wie sich da das bereits Eingeordnete verändert!

Nur das Unfertige ist wirklich fertig. Alles Fertige wartet nur darauf, sich im nächsten Moment wieder aufzutun und uns erneut auf die Reise zu schicken. Das Unfertige in seiner Unvollkommenheit und Vorläufigkeit ist so fertig, wie die Welt, die wir kennen. Wir brauchen nicht darüber zu erschrecken und nicht auf den Moment zu warten, wo die Illusion wieder deutlich wird.

Ich will den Antworten widerstehen, besonders meinen eigenen, den zu schnell gefundenen, und ihnen misstrauen, weil sie vielleicht ein Ausdruck meiner Unfähigkeit sind, die Antwortlosigkeit auszuhalten. Und dabei doch noch aufbauend und heilend leben. Aber es durch Handlungen tun, nicht durch Systematisieren und übertriebenes Denken.

Es gibt kein Zurückwandern. Alles, was wir auf dem Rückweg erleben, ist schon wieder etwas ganz Neues, weil wir es aus der Perspektive des Rückblicks sehen, in dem das bereits Erlebte mitschwingt. Es hat etwas Aufregendes und Beruhigendes zugleich, dass wir nur immer vorwärts gehen. Unumgänglich streben wir auf einen Punkt in der Zukunft zu, auf unsere Erfüllung. Das zu wissen, kann uns hier und jetzt entspannt sein lassen.

Nur das eingestandene Schuldgefühl kann überwunden werden. Wo wir es uns nicht eingestehen, behält es die seltsame Macht, die alles Unterschwellige hat: die Macht der Empfindung, nicht die Macht der Tasache. Die Macht der Tatsache ist eine Sache der Tat, der Handlung.

Die meiste Zerstörung, die in uns geschieht, entsteht durch die vage Empfindung, dass etwas nicht ganz richtig sei, das aber nicht anzusprechen oder anzusehen ist. Die Empfindung der Schuld ist meistens eine Empfindung der Angst, sich schuldig gemacht zu haben. Dahinter steht selten eine Handlung, durch die wir Schuld auf uns geladen haben. Meistens ist es ein Verstoß gegen Regeln und Ordnungen. Sehr oft müssen gerade diese Regeln und Ordnungen verletzt werden, wenn wir echt sein und wachsen wollen. Gewisse Schuld*empfindungen* muss man sich daraum abgewöhnen. Nur so finden wir zu Schuld*tatsachen,* oder zu einer Schuldlosigkeit.

Ich lebe auf der Grenze zwischen dem Bewusstsein, dass ich wertvoll bin, dass ich etwas geleistet habe, dass ich einen Beitrag zu geben habe, einerseits, und dem Gefühl nichts zu gelten, unwert und austauschbar zu sein, andererseits. Vielleicht ist es notwendig in dieser Spannung zu leben, weil man in der Einseitigkeit der einen oder anderen Position seine Lebendigkeit verlieren würde. Die einen verlieren ihre Lebendigkeit in einer Art depressiven Selbstentwertung, die oft zu Handlungsunfähigkeit und Selbstmitleid führt, während die anderen sich in einer Art Selbstüberschätzung nicht mehr ausstrecken und nicht mehr wachsen und reifen. Am Ende scheint es wieder wichtig zu sein, in der Spannung zu stehen, in der die eine Seite die andere rettet und wir immer wieder fragen müssen, wer und was wir sind.

Unsere ganze Zeit ist begierig auf Information. Wer etwas auf sich hält, will informiert sein oder wenigstens informiert scheinen. Aber was machen wir mit der Information? Sie verpflichtet uns auch. Es scheint mir manchmal, als wenn es in unserer Gesellschaft wichtiger ist, sich weiter zu informieren, als der Information entsprechend zu handeln. So wird das Sammeln von Information zu einem Fluchtmechanismus. Dann belügen wir uns selbst, wenn wir glauben, dass wir noch mehr Information brauchen, ehe wir handeln können. Ich überlege mir schon seit einiger Zeit, ob ich mir nicht eine Informationssperre auferlege, und tue es auch schon ab und zu. Es ist, als wenn das Handeln so weit hinter dem Wissen hinterherhinkt, wie das Fühlen hinter dem Denken.

Wir brauchen eine Aufgabe, der wir uns bedingunglos und mit unserer ganzen verfügbaren Kraft widmen können. Es kann eine kleine Aufgabe sein – wichtig ist nicht die Aufgabe, sondern die Bedingungslosigkeit mit der wir uns ihr zuwenden. Ohne etwas zurückzuhalten (wie wir es fast immer tun), ohne uns abzusichern (was unserem Einsatz einen anderen Charakter gibt) ohne uns mit andern zu besprechen (als könnten sie uns ins Herz sehen und wissen, was unsere Sehnsucht ist).

Es liegt etwas besonderes in der bedingunslosen Hingabe. Es entsteht eine Verbindung zwischen dem so Handelnden und der Sache, für die er sich einsetzt. Wenn man so handelt, begibt man sich auf seinen eigenen Grund, kratzt sozusagen alles zusammen und investiert es. In Englisch gibt es den schönen Ausdruck, etwas „with abandon" zu tun, was gewöhnlich übersetzt wird mit, „sich einer Sache hingeben." Aber „abandon" heißt viel mehr. Es bezieht sich nicht nur auf die Sache, der man sich zuwendet, sondern „abandon" heißt auch „im Stich lassen." Man wendet sich einer Sache zu und läßt dabei alles andere im Stich. Das ist die Bedingungslosigkeit, die mich interessiert, weil in ihr Kräfte in uns freigesetzt werden, die wir kaum geahnt haben. Wo gibt es soetwas? Welcher Sache, welcher Person, welcher Idee, welcher Haltung kann man sich so zuwenden?

Als Jesus seine Jünger in die Nachfolge ruft, sagt er ihnen, sie sollen alles andere im Stich lassen. Der Bauer, der die Hand an den Pflug legt, soll nicht zurückschauen. Der Mann, der den Schatz im Acker findet, verkauft alles, um den Acker zu kaufen. Hier wird alles eingesetzt. So aktivieren wir etwas in uns, was nicht nur „etwas mehr" ist, als was wir sonst tun. Es ist alles.

Die eigene Anstrengung edelt uns. Was uns zufällt, kann uns sehr leicht träge machen. Daraus bildet sich oft eine Erwartungshaltung, die der Tod unserer eigenen Entwicklung ist, weil es viele Menschen gibt, die ihr ganzes Glück darin sehen, Erwartungen zu erfüllen, besonders wenn diese sich mit Hilflosigkeit tarnen. Manch einer schafft es nicht, aus der kindlichen Hilflosigkeit zu der echten Anstrengung des Erwachsenen durchzudringen. Dieser Mensch verschleppt dann seine Kindheit für den Rest seines Lebens – erwartet alles mögliche von anderen und wird selbst immer unfähiger, sein Leben zu meistern. Woran dann alle anderen schuld sind.

Wir müssen uns selbst überstehen und auch bestehen. Wir sind uns selbst im Wege, wie der Kokon dem Schmetterling erst Schutz, dann Hindernis ist. Alles was uns erst schützt, behindert uns irgendwann.

Alles
was uns
erst schützt,
behindert
uns
irgend-
wann.

Ich liege am späten Vormittag noch mit Waltraud im Bett, und wir reden über Gott und die Welt. Ich habe meinen rechten Arm unter ihren Kopf und Nacken gelegt, und wir sind einander zugewandt. Es ist viel Nähe zwischen uns. Und doch denke ich gerade in solchen Momenten, trotz aller Nähe und den vielen Gemeinsamkeiten in fast dreißig Jahren, dass jeder von uns eine ganz eigene Welt für sich ist. Ich erlebe die Welt sehr anders als Waltraud. Jeder von uns arbeitet an anderen Persönlichkeitsproblemen, wir haben unterschiedliche Hoffnungen, und am Ende stirbt wahrscheinlich jeder von uns allein, selbst wenn der andere danebensteht. Die räumliche Nähe, die Jahre der Vertrautheit, das innere Verstehen, die fast ständige Anwesenheit des andern täuschen uns über die Trennung und das Alleinsein hinweg.

Aber es gibt auch das entgegengesetzte Erlebnis. Ich sitze allein in meinem Studierzimmer und arbeite an einem Text, der mir nicht gelingen will. Auch wenn ich ihn zu Papier bringe, werde ich nicht so verstanden, wie ich ihn gemeint habe. Ich gehe auf meinen Tod zu, erschreckend einsam. Aber eine Etage tiefer höre ich Waltraud arbeiten, und ich weiß, ich kann fast zu jeder Zeit zu ihr gehen, mich bemerkbar machen, den Arm um sie legen und mich in den Arm nehmen lassen, ein Gespräch beginnen und meine Einsamkeit verscheuchen. Fast dreißig Jahre lang haben wir uns zueinander hingearbeitet, haben Freude und Leid geteilt und haben nicht aufgegeben, aus unserer Beziehung etwas zu machen. Was für ein Reichtum an Verbindung, Verbindlichkeit und Nähe!

Beides ist wahr, und eins bleibt nur durch die Wirklichkeit des anderen wahr. Nur eins zu denken, auf lange Zeit, ist eine Flucht vor dem anderen, eine Art Lebenslüge. Immer beides zu denken – ich bin einsam, ich bin verbunden – das macht uns zu reifen Menschen.

Warum meinen wir, das Recht zu haben, mehr erwarten zu können am Ende eines Tages, als dass wir an diesem Tag wieder satt geworden sind, verschont wurden vor einer bedrohlichen Krankheit, nicht verunglückt sind und vielleicht sogar ein Lächeln gesehen haben? Vielleicht ist es ja erlernbar, das wenige wieder genug sein zu lassen. Wie reich wären wir dann!

Es gibt Momente, da wirkt mein Bestreben, wahr, integer und liebevoll, zu leben, lächerlich, angesichts der gigantischen Probleme des Planeten, angesichts des Leides (gerade hat in der Türkei die Erde gebebt). Es ist ein Gefühl absoluter Schwäche. Mühsam arbeite ich mich da wieder heraus, wenn ich daran denke, dass aber genau zu dieser Zeit Millionen von Menschen genau das fühlen. Und diese Millionen, diese Hunderte von Millionen bilden in ihrer Hilflosigkeit eine Verschwörung. Wenn es einem gelingt, trotzdem weiterzumachen, wenn es Tausenden gelingt, wenn Hunderttausende weiterkämpfen mit einer ganz tiefen Hoffnung, dann wird daraus nicht eine Gewalt, die Unheil abhalten kann, aber eine Bewusstheit auf diesem Planeten, die uns eine andere Welt erschließt.

Wie doch in unserer Gesellschaft, mit ihren vielen Subformen und Rubriken, der Handelnde und Aktive als der Schuldige gesehen wird! Der Revolutionär, der das offene Wort wagt, und der, der nicht mehr bereit ist, etwas zu verschweigen, das sind die Menschen, die sichtbar werden, weil sie aus der Masse, aus dem Status quo herausragen. Der Status quo ist in unserer Gesellschaft der Maßstab. Wir schätzen das Konservieren und die konservative Kraft höher als das Verändernde, Erneuernde. Das, was ist, ist richtig, einfach, weil es existiert. Dabei vergessen wir, dass manches den Platz des Status quo auf eine sehr zweifelhafte Weise erreicht hat. Und selbst das Beste kann seinen Wert verlieren, wenn es von der Zeit überholt wird. Etwas Gutes zur falschen Zeit kann etwas Schlechtes werden. Es ist schade, dass der, der aufbricht, oft nicht für das Aufbrechen geschätzt wird, sondern erst, wenn bewiesen ist, dass das Aufbrechen sich gelohnt hat. Gewöhnlich wird es so gesehen, dass der Status quo einen Wert an sich hat, während alles andere sich erst beweisen muss. Darum ist Wandlung und Transformation so schwer unter uns – in der Politik, in der Kirche, in Freundschaftskreisen, in Familien, in Zweierbeziehungen.

Die Schönheit der Sachlichkeit. Nicht mehr, nicht weniger aus etwas machen. Das, was ist, ehren, weil es so ist, wie es ist. Sachlichkeit erfordert Mut. Den Mut, auszuhalten, dass etwas nicht mehr und nicht weniger ist. Nicht übertreiben, nicht untertreiben. Die Würde des Seienden.

Wenn etwas nicht gelingt, so habe ich gelernt, muss man intensiver, ernsthafter, gründlicher und länger daran arbeiten. Ich kann mich nicht erinnern, dass mir jemand gesagt hat, ich sollte versuchen, es anders anzugehen. Durchhalten gehört zu einem alten System, dass nicht immer funktioniert.

Ich will noch dringlicher das nicht mehr tun, was „man" tut. Sonst lebe ich das allgemeine Leben, nicht mein persönliches.

Das Jahrtausend geht dem Ende zu. Noch 180 Tage, noch 100 Tage, noch 10 Tage. Die Zäsur stammt von uns. Der erste Januar 2000 wird nicht so anders sein, als der erste Januar 1999 oder 1975 es war. Aber in unserem Kopf ist etwas anders. Es ist ein Einschnitt. Ich möchte mir diesen Einschnitt zu Nutzen machen: Ich will die Zukunft besser erfassen und die Vergangenheit verabschieden: „...das war im letzten Jahrtausend". Vielleicht kann es mir im neuen Jahrtausend leichter gelingen, der neue Mensch zu sein, den ich mir vorstelle.

Da, wo andere Regeln herrschen als die, mit denen wir uns auskennen, sind wir gezwungen, erfinderisch zu werden und zu improvisieren. Darum macht uns die Fremde, die innere und äußere, zu reiferen Menschen. Wo wir alles überschauen und verstehen, gewöhnen wir uns schnell und beginnen uns in Wiederholungen zu bewegen.

Vielleicht werde ich ja doch, was ich denke. Dann will ich Lebensförderliches denken.

Wir werden,

wAs wir
dEnkeN.

Wenn ich die Verletzungen und Enttäuschungen beiseite legen kann – diese Hindernisse, über die ich stolpere – dann kann ich feststellen, dass mein ganzes Leben an Licht zugenommen hat. Es ist fast unumgänglich, dass mit dem wachsenden Bewusstsein auch das Licht sich ausbreitet. Aber ich muss die Verletzungen und Enttäuschungen loslassen, sonst machen sie mich wehleidig, misstrauisch und unoffen für die Wirklichkeit. Verletzungen und Enttäuschungen haben nichts zwingendes an sich – wir entscheiden uns für sie, genauso wie wir uns entscheiden können, dass sie unser Leben nicht bestimmen. Es erfordert ein Stück Härte gegen uns selbst.

Es müsste eine Schule geben für´s Wählen. Oder wenigstens ein Fach in unserer Ausbildung das „Wählen" heißt. Da würden wir nicht lernen, das Richtige zu wählen, sondern überhaupt zu wählen. Niemand kann mir beibringen, wie ich zu leben habe, und ich kann niemanden lehren, wie er oder sie zu leben hat. Das höchste was wir lernen können, ist, uns das Handswerkzeug zum Wählen anzueignen: wahrnehmen, mit dem Herzen hören, Konsequenzen erkennen, integer sein, und die Fähigkeit, Entscheidungen zu fällen. Wir haben das Wählen nicht gelernt.

Etwas totzuglauben ist nicht nur etwas passives, sondern auch etwas aktives. Wir glauben Menschen, Dinge und Umstände tot und wundern uns dann, wenn sie irgendwann tot sind. Wir können auch Menschen, Dinge und Umstände ins Leben glauben. Vielleicht war das die besondere Begabung Jesu: Er glaubte etwas ins Leben und es lebte.

Es ist auch immer wieder die Angst, die uns unsere Form, unsere Gestalt gibt. Vielleicht ist es nur eine vorläufige Gestalt, aber in dem Augenblick sind wir es. Ich kann es so annehmen und muss nicht versuchen, der zu sein, der ich noch nicht bin. Ich muss nicht angstfrei sein, nur weil ich dann besser aussehe. Das zu wollen, entspringt einer großen Angst.

Sich selbst in das Leben hineinglauben, das man zu führen wünscht.

Wenn wir unsere Sehnsucht verlieren, beginnen wir zu sterben.

Nichts gehört mir endgültig. Alles ist für das Feuer vorbestimmt. Darum kann ich alles mit einem Lächeln aufbewahren. So gut ich es auch schütze, die Flamme wartet schon. Danach der aufsteigende Phönix. Und auf den wartet am vorläufigen Ende auch wieder die Flamme. Aus diesem Wissen bereite ich meine Befreiung.

Ich merke dieser Person an, dass sie zwar ein liebenswürdiger Mensch ist, voller Talent und Begabung, dass sie aber auf eine schwer beschreibbare Weise nicht nur als sie selbst auftritt, sondern auch immer ein wenig als ein Repräsentant der Institution, für die sie arbeitet. Darum spüre ich den Druck auf mir, nicht nur ich selbst zu sein, sondern mich so zu verhalten, wie ein von dieser Institution Umworbener sich zu verhalten hat. Es bedarf dann eines besonderen Einsatzes von mir, wirklich nur ich selbst zu sein.

Mit Menschen

Wie schwer ist es zu lieben. Gleich wird der andere zum Empfangenden, und manchmal ist es dann nur noch ein kleiner Schritt, und er wird zum „Hilfsbedürftigen". Sogar im Lieben erniedrigen wir noch.

Vielleicht drückt sich die Liebe in nichts so aus wie in unserem Versuch, sie zu erhalten. Nicht die erste Liebe, nicht die Leidenschft, nicht die Geschenke der Liebe, nicht die Versprechen, sondern der schier bedingungslose Einsatz, um das zu erhalten, was uns gegenseitig öffnet und Leben ermöglicht, ist die Liebe, die über sich hinauswächst. Es ist eine Leidenschaft, die nicht die Tänzer, nicht den Tanz, nicht das Drumherum erhalten will, sondern die Fläche, auf der die Tänzer sich bewegen.

Manche Wunden heilen nie, damit sie uns wachhalten, anderen nicht dieselben Wunden zuzufügen.

Die Einsamkeit eines anderen Menschen wahrzunehmen heißt, die eigene Einsamkeit zu verwandeln. Dass wir extrem an etwas leiden, ist manchmal Ausdruck davon, dass wir dasselbe Leiden bei anderen vergessen haben.

Wie viel nahbarer ein Mensch doch wird, wenn er noch Unsicherheiten zulässt und sie nicht respektlos überrollt und dabei unsensibel wird für den Vorgang des Gesprächs. Eigentlich kann es ein wirkliches Gespräch nur zwischen zwei Menschen geben, die zumindest auch ein wenig unsicher sind. Sonst entsteht zu schnell das Gefälle, in dem einer den anderen belehrt und entwürdigt. Vielleicht sollte in unseren Gesprächen sogar eine „konstruktive Angst" mitschwingen, Angst davor, den anderen nicht wirklich in seinem Wesen, in seinem Sosein ernst zu nehmen, und Angst, dass man sich nicht wirklich verständlich machen kann. Angst im Sinne von Füretwas-Bangen. Wie burschikos und gefühllos sind wir dagegen oft in unseren Gesprächen und wundern uns dann über die fehlgelaufene Kommunikation und die Isolierung. Wir begreifen noch zu wenig, dass das Gespräch nicht zwischen zwei Meinungen stattfindet, sondern zwischen zwei Wesen mit einem riesigen Umfeld, in dem sie leben, mit Gefühlen, Hoffnungen und Enttäuschungen.

Oft erkennen wir einen Menschen, nur an dem, was fehlt. Etwa, wie man eine Landspitze, die ins Meer hinausragt, daran erkennt, dass sie vom Meer umgeben ist: es fehlt links und rechts der Spitze das Land. Das macht sie erkennbar. Es gibt Menschen, die man nur erkennt, an ihrem fehlenden Mut, an ihrer fehlenden deutlichen Umrissenheit, an ihrem fehlenden Vertrauen, an ihrer fehlenden Konsequenz, an ihrem fehlenden Fragen. Beschenkt man sie, wenn man versucht, ihnen das zu geben, was ihnen fehlt, oder nimmt man ihnen dadurch ihre Identität?

Ich kann dir nur sagen, was ich mir schon gesagt habe. Alles andere ist Bevormundung und Richten.

Jemand so lieben, dass sich bei dem Menschen sogar eine äußere Wunde schließt, sich Schorf bildet, der dann abspringt, so dass die Haut rein daliegt. Lieben als Heilen.

Es gibt Menschen, die fordern mit einer Stille, die sie einsetzen wie Sprengstoff. Sie wollen etwas, aber sie schweigen, bis man etwas für sie will, weil man die Stille nicht aushält. Geht es dann schief, was man für sie will, ist es nicht ihre Not, weil sie ja nichts gewollt haben. Ich muss lernen, die Stille auszuhalten, durch die Peinlichkeit hindurch und über sie hinaus. Ich muss mich nicht verlassen.

Ich kenne dich auswendig. Damit bin ich dein Mörder.

Ich will nicht auf die Fragen antworten, die nicht gefragt werden, auch wenn wir es als besondere Tugend sehen, des anderen Fragen zu erraten. Wir tun einander keinen Dienst, wenn wir uns das Fragen ersparen. Den anderen Menschen seine eigenen Fragen finden und auch stellen zu lassen ist oft schwer, aber sehr nötig, wenn wir einander nicht entwürdigen und bevormunden wollen. Die Fähigkeit zu fragen ist etwas Wichtiges, und die flinken Helfer nehmen uns die Möglichkeit, diese Fähigkeit zu entwickeln.

Wie unvorsichtig wir zu wissen glauben, was der andere zum Leben braucht.

Wenn wir aufhören zu lieben, betonen wir gern die „gerechte" Handlungsweise, in die wir uns dann flüchten. Die Gerechtigkeit läßt sich leichter verfechten, als die Notwendigkeit, zu lieben.

Meine Lieblosigkeit legt sich auf die Welt um mich. Ich merke, wie sehr es an mir liegt, was um mich lebt und was nicht.

Was von dir finde ich, wenn du dich nicht finden lassen willst? Wird es nicht immer nur das von dir sein, was du in der Eile nicht mehr verstecken konntest. Und versteckst du nicht immer das Wichtigste zuerst?

Ich kenne dich auswendig.
Damit
bin
ich
dein
Mörder.

Als 1976 in Tangschan 750,000 Menschen in einem Erdbeben umkamen und am 30. April 1991 138,000 in den großen Wellen eines Taifuns in Bangladesch ertranken, wo war ich und was dachte ich da? Habe ich irgend etwas gemerkt oder war es ein Tag wie andere? Wie eng sind wir miteinander verbunden?

Ich bitte dich, dass du für eine Stunde deine Geschichten ruhen lässt. Trotz ihrer Spannung, trotz meines Interesses an ihnen. Auch wenn sie von dir erfüllt sind, sind sie für mich ein Hindernis, zu dir zu gelangen. Sie drücken aus, was du warst und was du getan hast und verhindern dein Sein in diesem Moment. In deinen Geschichten bist du nicht hier, bist in einer anderen Zeit und an einem andren Ort. Ich werde mir auch meine Geschichten verbieten. Es könnte sein, dass wir dadurch aufmerksam werden, auf die Löcher, die sich in unserem Leben bilden, wenn wir keine Geschichten mehr erzählen. Wenn wir nur noch das zu geben haben, was wir hier und jetzt sind. Dann wollen wir die Löcher ansehen und versuchen, sie mit dem zu füllen, was in diesem Moment entsteht.

So zuhören, dass der Vielsprecher sich plötzlich auch hört und aufhört zu reden.

Die Nähe, die er anbietet, ist eine Art Schutzhaut gegen wirkliche Nähe.

Ich kann nur tun, was ich bin. Wenn mich eine meiner Handlungen überrascht, dann ist es, weil ich genau an der Stelle einen blinden Fleck für mich selbst habe. Jede meiner Handlungen ist ein Ausdruck meiner selbst. Zu sagen „Ich war heute nicht ich selbst" ist darum ein Selbstbetrug. Ich war der Handelnde, auch wenn mich überrascht hat, was ich getan habe.

Vielleicht haben die, die unsere Sprache sprechen, uns am wenigsten zu sagen. Aber bei den anderen haben wir uns entschlossen, sie nicht verstehen zu können.

Gewisse Fragen sind Lügen. Sie geben ein Interesse und eine Vertraulichkeit vor, die gar nicht bestehen. So beginnt das Lügen schon viel früher als mit dem Sagen einer Unwahrheit.

Er übte Erpressungsgesichter.

Beim Hotelfrühstück höre ich den Sprechenden am Nebentisch zu. Sie gebrauchen die Sprache als sicheres Versteck.

Wie können wir miteinander reden, wenn wir nicht aus der Tiefe in uns miteinander schweigen können? Wenn wir nicht miteinander schweigen können, vielleicht ist unsere Reden miteinander dann auch nur eine Illusion, oder unsere Art etwas zu verdecken, was wir nicht ansehen wollen.

Ich wünsche mir, von meinen Mitmenschen „gespürt" zu werden. Es ist mir wichtiger, dass sie ein Empfinden für die Art meiner Gegenwart haben, als daran zu denken, was ich Schlaues gesagt oder getan habe. Ich wünsche mir durch meine Bewegungen, meine kleinen Reaktionen, meine Blicke, meine Zurückhaltung im rechten Moment, etwas zu verbreiten, das Leben ermuntert und nicht verhindert. Ich wünsche mir: Wenn Menschen meine Gegenwart verlassen haben, sollen sie nicht unbedingt sagen können, was sie gefühlt haben, sondern nur, dass es ihnen gut gegangen ist in meiner Nähe.

Was mich an dir anzieht, ist deine Suche. Aber ich bin nicht angezogen als jemand, der diese Suche beantworten will oder kann, sondern als Mitsuchender, als Mitstaunender, vielleicht auch als Mitfindender. Ich vermute, dass du nicht aufhören wirst zu suchen, und darauf beruht unsere Beziehung.

Umarmungsscheu. Ein Ausdruck der Suche nach Ehrlichkeit.

Ich merke, wie mich Menschen langweilen, denen ich auf Dauer nicht anmerke, dass sie irgendwie daran interessiert sind, über sich selbst hinauszuwachsen. Die sich also begnügen mit dem, was sie geworden sind, als gäbe es nicht mehr zu erreichen. Als Hauptziel denke ich da an die Bewusstwerdung. Das steht nicht im Gegensatz zu dem Gelassenwerden, das auch wichtig ist.

Es gibt kein glücklicheres Zusammensein, als mit einem Menschen mit fragendem Herzen. Da hat kein Ende, was es zu besprechen gibt, da weitet sich die Landschaft im Zusammensein, da ist auch die Stille gefüllt und voller Bedeutung. Wo die Haltung des Fragens ist, stellt sich das Wunder ein, und wo sich das Wunder einstellt, da wächst das Fragen.

Wie aus der Sehnsucht nach Nähe die Nähe zu einem Menschen wächst und aus der Nähe die angstfreie Offenheit, dann aber aus der Offenheit plötzlich die Angst und aus der Angst die Verschlossenheit! Und aus der Verschlossenheit dann wieder die Sehnsucht, stark und bedingungslos.

Jeden Menschen zweimal begrüßen. Einmal ihn/sie selbst und dann das Göttliche im Menschen begrüßen, die Gottesgegenwart, die Transzendenz, die in jedem Menschen da ist, wenn auch verschüttet.

Unter Menschen habe ich manchmal das Empfinden, dass ich mir selbst eine Bedrohung bin. Durch gewisse Äußerungen von mir entäußere ich mich.

Ich muss meine Einsamkeit hüten, weil ich aus ihr lebe - diese weit offenen, inneren Landschaften, in denen ich allein bin und die mir keine Möglichkeit bieten, vor mir zu fliehen. Vielleicht mag ich darum weite, unbewohnte Landschaften auch so gern. Die äußere Geographie hilft der inneren. Die Geographie des Herzens braucht die Geographie der wirklichen Welt.

Zuweilen erlebe ich, dass ich mich selbst für untauglich halte, unter Menschen zu sein. So stark ist mein Wunsch, allein zu sein, um gewissen Gedanken nachzugehen. Aber wenn ich mich abschneide, um allein zu sein, laufe ich Gefahr, dass mein Denken zu eigenbrötlerisch wird, und sich versteigt. Wirklich allein kann man nur unter anderen sein.

Wieder einmal formuliere ich, was ich nicht mehr will, in einem langen Telefonat, auf eine Einladung hin. Manche Menschen erleben meine mir selbst freiwillig auferlegte Begrenzung als eine Form von Hochmut. Es scheint, als dürfe man sich selbst für Gewisses nicht zu schade halten. Die selben Menschen pflegen sich selbst aber sehr, lassen sich das Gute etwas kosten. Und alles, was ich will, ist, meine Zeit nicht mehr mit Diskussionen zu verschwenden, mit Reden, das keiner wirklich hören will, und mit Worten, die keiner brennt zu sagen. Komm, geben wir den Zirkus auf und verfolgen wir, was uns wirklich angeht. Lass die anderen uns hochmütig nennen.

Manchmal hält mich deine starke Gegenwart ab, zu dir zu finden. Ich laufe in Hindernisse hinein, die von dir ausgehen. Du bist dann zuweilen unausstehlich. Oder treffe ich dich gerade da am meisten, und ist alles andere Treffen nur eine Begegnung mit dem Bild, das ich von dir habe?

Sich bedanken für ein Gespräch, in dem man sich gezankt hat. Und beim Bedanken feststellen, dass sich das Wunder der Veränderung des anderen gerade dann vollzieht, wenn man es nicht mehr anstrebt, und wie man dann lernt, was es heißt, den anderen höher als sich selbst zu achten. Vielleicht hat sich der andere nie geändert, weil er nicht hoch genug geachtet worden ist. Vielleicht können wir den anderen nur verändern indem wir uns selbst verändern. Das kann man beginnen, indem man dem andern dankt für ein verletzendes Gespräch.

Nichts ist so wichtig wie Kontakt aufzunehmen. Hören mit viel Fantasie und aus der Tiefe, wo die Worte in Bilder übergehen. Sprechen mit Überzeugung und Nachdruck aus der festen Schicht des Wesens. Und Hören wie ein Verzweiflungsakt, mit dem ganzen Innehalten und Verharren der Zuwendung. Hören, als ginge es um Erhörung. Hören mit sämtlichen Fühlern des Menschseins. Das alles auch mit sich selbst tun: Hören und sprechen und sich selbst zum Freund werden. Sich selbst meinen.

Es kann sein, dass du einem fremden Menschen begegnest und dich ihm so nahe fühlst, dass du ihn berühren und ihm sagen möchtest, dass er etwas in dir berührt, was selten berührt wird, und ihm dann vielleicht etwas Wichtiges von dir erzählen, um ihn in dein Inneres einzulassen. Auch wenn du dies nicht tust, sondern weitergehst, deine Lebensmittel in der Hand oder deine Kinokarte zwischen den Lippen, während du die Handschuhe aus der Manteltasche holst, auch dann wäre es nicht umsonst, denn wenn es dir mit jemandem so gehen kann, dann kann es jemand anders mit dir auch so gehen. Wenn du dies in dir bewahrst, bist du bereits reicher geworden. Es ist die Verbindung aller Menschen und aller Gedanken, es ist unsere innere Verwandtschaft, die du erlebst. Merkst du dir deine Würde an, die gespeist wird aus einem Geheimnis in dir?

Gemeinsam mit Freunden alt werden. Es mildert die herben Gedanken, die mit Vereinsamung, Unfähigwerden und Sterben verbunden sind. Aber kann man einander nahe genug sein, um wirklich miteinander alt zu werden, oder muss es jeder still für sich tun? Ich könnte mir Seminare vorstellen, in denen man gemeinsam erarbeitet, was es heißt, zusammen alt zu werden. Ich stelle mir ein echtes Netzwerk von Menschen vor, die über ein ganzes Land verteilt leben und doch miteinander verbunden sind. Aber man muss damit spätestens im mittleren Alter beginnen.

Alle Begleitung eines anderen Menschen ist eine Selbstbegleitung. Wir sehen im anderen, was wir in uns begleitet wünschen. Der andere macht uns deutlich, was wir brauchen. Aber oft ist uns das nicht klar, oder wir schämen uns dafür. Warum? Ist es nicht etwas Wunderbares, an zwei Stellen zugleich sein zu können, beim andern und bei sich selbst?

Begleiten, ohne dem andern Vorschläge zu machen. Vor-Schläge.

Liebesgedichte schreiben: Es geht nicht nur darum, einen Menschen anzureden: dieses Hervorheben eines Menschen mit seinen/ihren körperlichen, seelischen, geistigen Attributen, dieses Bewohnen der Innenseite eines Menschen, diesen geheimen Raum. Es geht um die Liebe zur Welt und zum Leben. Sie braucht einen Fokuspunkt. Als Kinder haben wir mit Vergrößerungsgläsern Papier zum Brennen gebracht. Wir fingen die Sonne ein und konzentrierten sie auf einen Punkt. Wie oft verbrennt im Brennpunkt unserer Liebe das, was wir erwärmen wollen. Die Exklusivität ist unerträglich. Wenn wir das Glas etwas zurücknehmen würden, würde eine größere Stelle erwärmt werden und nichts verbrennen. Werde ich in meinen Liebesgedichten das Erwärmen lernen und selbst dabei warm werden und bleiben?

Stellvertretend leben. Nicht maßlos, sich selbst verachtend, aber in der Tiefe, in dem Glühen der Entschiedenheit. Das Durchhalten für andere.

Wie oft
verbrennt
im
Brennpunkt
unserer
Liebe das,
was wir
erwärmen
wollen.

Wie oft
verbrennt
im Brennpunkt
unserer Liebe
das, was wir
erwärmen
wollen.

Als wir mit Besuch aus Deutschland am Strand entlang spazieren, spricht uns einer von zwei Indianern an. Er sagt er sei der Urenkel von Sitting Bull. Er erzählt uns ein wenig von seiner Geschichte. Er dramatisiert sie. Er hat uns deutsch sprechen hören und sieht hier seine Chance. Aber ich möchte ihn nicht als einen Indianer, der Touristen anhaut, sehen, sondern als einen Menschen, wie ich es bin. Ich rieche seine Fahne, aber das hält mich nicht ab. Wir kommen in ein Gespräch über das Furchtbare, was an den Indianern geschehen ist. Er sagt, es seien immer die Weißen, die die Zerstörung gebracht hätten. Ich sage ihm, dass seine Vorfahren – wenn ich davon ausgehe, dass die Ureinwohner Nordamerikas auf der Landbrücke von Asien gekommen sind – brutale Kreuzzüge nach Europa gemacht hätten und dass manche Indianerstämme andere Indianer als Sklaven gehalten hätten. Er und ich reden vielleicht fünfzehn Minuten, die andern hören nur zu.

Er wiederholt mehrmals, dass wir sicherlich gedacht haben, als wir ihn zuerst sahen, dass er ein heruntergekommener Indianer sei, der nur herumlungert. Ich sage, dass ich es nicht gedacht habe. Er scheint es nicht zu glauben.

Dann kommt seine Bitte um Geld. Ich sage ihm, dass ich darauf schon fast gewartet habe, aber trotzdem gehofft habe, dass sie nicht kommen würde. Ich hatte gehofft, dass er wirklich auch an einem Gespräch interessiert sei, und es nicht nur wegen des Geldes geführt habe. Ich spüre seine widerstreitenden Gefühle: Er ärgert sich, dass ich ihm das Geld nicht gebe, aber er versteht auch, dass das Gespräch mehr wert war. Ich halte durch und gebe ihm das Geld nicht. Wenn ich es ihm gäbe, würde ich alles was in den zwanzig Minuten geschehen ist, entwerten. Das empfinde ich so. Als wir schon gegangen sind, fällt mir ein, dass ich ihn am Ende hätte umarmen können.

Ich weiß mehr über dich, als ich leben kann.

Was ich dir verschweige, kann ich mir auch nicht wirklich sagen. Alles ehrliche Sagen erfordert den Mut, bereit zu sein, es öffentlich zu sagen. Darum muss der Mut, sich selbst etwas zu sagen, groß sein. Darum haben wir solche Angst vor uns selbst und der Wahrheit in uns und darum sind wir so leicht hörig.

Ich segne dich mit meiner Entfernung. So können wir eine Art Enthaltsamkeit von einander üben. Vielleicht gibt es danach ein neues Erkennen.

Wir langweilen uns, wenn wir immer wieder an dem Leben eines anderen teilhaben müssen, ohne uns dabei selbst kreativ und schöpferisch zu betätigen. Wir bekommen gesagt, wie jemand anders die Welt sieht, ohne zum Mitmachen oder Mitdenken eingeladen zu werden, und werden dabei immer müder.

Oft ist die Schuld, die wir einander zuweisen, nur Ausdruck der Entwicklung, in der wir stehen.

Manchmal steht der Liebe nichts so sehr im Wege wie die Liebe.

Sich so verletzbar machen, den anderen zu verletzen. Alles als Offenheit und nicht als Angriff verstehen. Verletzen immer als heilende Handlung sehen. Sich verletzbar machen immer als eine Sehnsucht nach Heilung. Die Wunde als Zwischenstadium erkennen.

Seine Unzufriedenheit ist so massiv, dass sie alles andere verdrängt, auch seine Beteuerungen, dass er zufrieden sei und es ihm gut gehe. Aber sie ist auch gleichzeitig so verhalten und in gegenteilige Worte gekleidet, dass sie schwer zu fassen ist. Wir, die wir mit ihm sind, erleben hauptsächlich seine Unzufriedenheit, reagieren aber im Gespräch auf seine Beteuerungen, weil es wie ein Tabu ist, ihn und sein Selbstverständnis in Frage zu stellen.

Viele von uns scheinen wie zur Probe zu leben. Es ist als geschähe das eigentliche Leben erst später oder woanders. Es drückt sich in einem Zögern aus. Einzelne Handlungen scheinen dann weniger zu bedeuten: Sie sind nur dazu da, die eine Handlung von den anderen zu trennen. Oder es geschieht alles nur, um Zeit zu gewinnen, als ob irgendwann in der Zukunft das Eigentliche geschieht.

Sie will endlich das besitzen, was ihr gehört. Unbewusst hatte sie sich selbst immer nur als Veranstalterin und nicht als Eigentümerin ihres Lebens gesehen.

Die Haut eines Menschen verbindet sich mit der Maske, die der Mensch trägt. Langsam wird die Maske zur Haut. Sie verwächst mit der Haut, bis sie nicht mehr abzunehmen geht. Wenn die Maske ganz Haut geworden ist, ist sie nicht mehr Maske. Wenn er jetzt seine ursprüngliche Haut anlegen würde, wäre sie eine Maske. Aber das heißt nicht, dass die erste Maske nicht eine Maske war. Auch wenn wir uns irgendwann einmal wohl fühlen in dem, was wir leben, kann es doch etwas zutiefst Fremdes für uns gewesen sein.

Ist es möglich, jemandem das innere Leben zu retten?

An dir lerne ich meine Begrenzungen erkennen.

Ich kann nie Wiederholungen von dir verlangen. Du hast immer das Recht, ein neuer Mensch zu sein.

Gerade wenn der andere mich würdigt, finde ich zu meinem Anderssein.

Lieben: Sich erinnern an die ganze Bandbreite des Menschen, an das Zerstörerische und das Aufbauende, und dann nicht weggehen.

Jemand lieben, der meine Liebe nicht braucht, hilft mir, stärker lieben zu lernen als sonst, weil ich nicht damit rechnen kann, auf Gegenliebe zu stoßen. Lieben als ein auf den anderen zugehen, ohne Hintergedanken, ohne Erwartungen, ganz ohne Erwartungen.

„Ich rette dich, indem ich dich erst gar nicht die Fehler machen lasse, aus denen ich dich dann retten müsste." Das war sein feiner Mord am andern. Aber für diesen Mord kannte er keine Schuldgefühle. Er nannte es Liebe.

Das, was dir den Weg verstellt, so lieben, dass du immer stärker wirst, bis es dir nicht mehr den Weg verstellen kann. Es kann auch ein Mensch sein.

Beobachtungen

Von Jahr zu Jahr scheint meine Freude an Kleinigkeiten zu steigen: an der Farbe des Himmels, an einem Stück Musik, an dem Licht, das durch das Dachfenster auf die Eichenbretter des Fußbodens fällt, an dem frischgbackenen, noch warmen Brot, nur mit Butter bestrichen, an einem Wort, an einem Buch. Dann steigt ein Unbehagen in mir auf, dass ich verbürgerlicht bin. Doch bin ich zuversichtlich, dass das etwas anderes ist. Das eine verschließt in Selbstzufriedenheit die Welt, während das andere die Welt für das Transzendente öffnet.

Heute ist ein herrlicher Sommertag. Am Horizont ist noch etwas Dunst und Nebel, aber vor meinem Fenster ist das Wasser des Meers schon silbern. Gerade fährt ein Fischerboot hinaus und bildet mit seinen Wellen ein „V".Die Möwen hängen fast still im Wind. In den Tannen ist das Rauschen, das den Menschen in sich bergen kann. Dem Tag ist nichts hinzuzufügen. Er ist vollkommen. Ich spüre, dass es genug ist, nur hier zu sein. Nichts weiter. Es reicht, ganz anwesend zu sein, in vollem Bewusstsein. Es ist nicht nötig etwas zu leisten, etwas zu erreichen. Die Welt is schon gerettet, weil sie erfüllt ist mit dem Wesen des Lebens, mit dem Sein, das nicht gesteigert werden kann.

Es macht mich dann glücklich mit meinem Sein auf diesen Tag zu antworten. Ich sitze und stehe vor und in diesem Tag und bin nur. Das ist wenig und doch gleichzeitig alles. Alles Hinzufügen zieht nur ab.

Je
kleiner
und
unschein-
barer
das
Glück,
desto
haltbarer
ist es.

Je
kleiner
und
unschein-
barer
das
Glück,
desto
haltbarer
ist es.

Ich sitze in einem goldigen kleinen Cafe in Mariposa in den kalifornischen Sierra. Die Waffel, die ich bestellt habe, ist so groß, dass ich sie kaum schaffe, und schmeckt so gut, dass sie meinen schlecht begonnenen Tag verbessert. Es ist gerade halb elf, noch nicht zu warm, erst 27 Grad. Leichte klassische Musik kommt aus Lautsprechern. Das Cafe heißt „The Happy Medium" – „Das glückliche Mittelmaß". Ich sitze auf einer Terrasse, die auf keinen besonders schönen Hinterhof führt, aber das macht nichts – ich sehe den tiefblauen Himmel. Mir geht auf, dass ich irgendwie mehr auf die Erde zurück muss. Dieses Restaurant, die Waffel, die Sonne, der Himmel verhelfen mir dazu. Grobe Holztische, Sirup auf der Waffel, am Nebentisch eine junge Frau, deren blonde Haare, als sie aufsteht, ihr bis in die Kniekehlen reichen. Die Wahrheit des Berührbaren, des Wirklichen!

Beim Klettern an einem verkarsteten Berg, um eine Pflanze zu fotografieren, denke ich: Das Samenkorn der Pflanze kennt nur ein Gesetz: irgendwo landen, sich an der Erde festhalten, aufgehen und wachsen. Nichts anderes zählt. Es ist gleich, wie schwer es scheint, wie abstoßend die Landschaft auch ist. Ich kann von dieser Entschiedenheit zu leben lernen.

Einer der schönsten Momente: In der Küche, umgeben von dem Geruch von backendem Hefeteigkuchen, die Ränder des noch warmen Streuselkuchens abschneiden und sie mit jemand, der das auch so schätzt, zu einem Glas kalter Milch essen. Je kleiner und unscheinbarer das Glück, desto „haltbarer" ist es.

Wenn wir von Lebenserfüllung sprechen, dann haben wir oft unser ganzes Leben im Sinn. Wir wollen, dass alles richtig wird, erfüllt und sinnvoll ist, sich gelohnt hat. Das ist schwer oder unmöglich zu finden. Und so leiden viele an einer gewissen Sinnlosigkeit in ihrem Leben.

Aber unser Leben besteht aus Einzelheiten. Vielleicht gibt es kein „ganzes" Leben, sondern es setzt sich aus kleinen Teilen zusamment. Es gibt keinen Sinn, den man wie eine große Decke über das ganze Leben ziehen kann. Der Mensch, der auf die umfassende Erfüllung wartet, verpasst inzwischen die Erfüllung im Kleinen.

Ist es nicht etwas Wunderbares, an einem Gespräch beteiligt zu sein, in dem sich die Gesprächspartner wirklich treffen und einander etwas zu sagen haben? Kann es nicht ein Hochgefühl sein, einen Kuchen so gebacken zu haben, dass sein Geruch das ganze Haus erfüllt, seine goldbraune Farbe ein Genuss für die Augen ist und sein Geschmack alles andere im Leben für Sekunden oder Minuten in Vergessenheit geraten lässt? Vor ein paar Tagen habe ich ein Gedicht geschrieben, dass etwas ausdrückte, was ich nicht kannte, oder dessen ich nicht gewahr war – es war ein herrlicher Moment, diese kleine Offenbarung zu erleben. Ist es nicht wie der Himmel auf Erden, wenn man in einer verfahrenen Situation das Wort findet, das die Spannung auflöst und möglich macht, dass alles weitergeht? Das ist die Lebenserfüllung! Das ist der Sinn! Wenn es uns gelingt, diese Momente bewusster zu erleben, und sie zu einer Kette aneinander zu reihen, dann kann es sein, dass wir genau die Erfüllung erleben, die wir uns im Stillen immer vorgestellt habe. Dann würden wir es auch schaffen, all das Unerfüllte und die Sinnlosigkeit, auszuhalten. Sie würden getragen von dem Sinn des Gesprächs, des gebackenen Kuchens, des rechten Wortes.

Einen Kilometer vor dem großen Fenster meines Arbeitszimmers liegt eine kleine Insel im Meer, auf der sich kleine und größere Wochenendhäuschen befinden. Wenn die Sonne untergeht, erleuchtet sie diese Häuschen mit einem gelben, manchmal fast orangefarbenen Licht. Rechts von diesen Gebäuden liegt etwa ein Kilometer der Insel, der ganz unbewohnt ist – dort fällt die Sonne nur auf die Felsen, den Sand, (wenn Ebbe ist) und den Wald, der hauptsähclich aus Douglastannen besteht. Jeden Abend, wenn der Himmel klar ist und die Sonne sichtbar sinkt, wiederholt sich dieses Schauspiel. Und es berührt mich jedes Mal. Gerade während ich dieses schreibe, geschieht es wieder. Die kleinen hellen Häuschen verkörpern unseren Wunsch nach Geborgenheit und die Sonne scheint diesen Wunsch freundlich zu ehren.

Das Betrachten einer Landschaft ist eine Einübung in die Stille.

Weil wir direkt am Meer wohnen, zieht das Meer meine Blicke unentwegt auf sich – ich reise hundert Mal am Tag in die Ferne und frage mich, was das wohl auf die Länge für eine Wirkung auf mich hat. Verinnerliche ich die Weite des Meers? Es wäre schön, inwendig in eine Landschaft, die man liebt, verwandelt zu werden.

Momente der Liebe in mir aufnehmen und sie zu einem unglaublich dichten, festen Bild (Hintergrund) zusammenfügen. Etwa: meine Hand auf dem Haar meiner Tochter, spüren, was wortlos zwischen uns fließt. Ein großer Kraftschatz, wie ein zweites Leben, falls dies erste Leben mir ausgeht.

Darauf achten, dass die Dinge, Umstände, Menschen mehr Bedeutung zu haben wünschen. Hält man inne, ist nichts unwichtig. Unsere Hast macht alles unwichtig, außer das, wofür, wonach oder wohin wir hasten.

Eine Zukunft zu haben, auch wenn sie nur Stunden, Tage oder Wochen währen mag, ist ein ungeheurer Schatz. Wir müssten sie so leben, wie einer, der in die Sekunde zwischen dem Abschuss eines Projektils und dem Getroffenwerden ein ganzes Leben hineinpackt.

Ich bewege mich durch die Zimmer unseres Holzhauses und spüre mich dabei. Dann bin ich. Ich bin, weil ich mich bewege. An einer Stelle halte ich inne. Von dort aus ergeben die groben, großen Decken-Balken ein „Z". Das ist meine liebste Stelle. Dort bin ich am meisten ich. Dort beginnt das Haus zu sprechen.

Darauf achten,
dass die Dinge,
die Umstände,
die Menschen
mehr Bedeutung
zu haben wünschen.

Hält man inne,
ist nichts unwichtig.

Unsere Hast
macht alles
unwichtig.

Gestern abend habe ich drei Menschen mit dem Auto mitgenommen. Ich sah sie mit ausgestreckten Daumen auf der Straße, sah es zu spät, drehte einen Kilometer weiter um, fuhr zurück an ihnen vorbei, drehte wieder um und holte sie von hinten ein. Sie hatten ihre Daumen nicht mehr ausgestreckt, aber ich hielt trotzdem und sie ließen sich gern mitnehmen. Es war ein Paar, Ende zwanzig mit einem Kind von vielleicht vier. Wir sprachen über das Wetter, über Gibsons. Ich brachte sie direkt zu ihrem Ziel, auch als sie wiederholt sagten, dass sie laufen könnten. Beim Aussteigen stellten sie sich mir vor. Die Kleine hieß Autumn, Herbst.

Ich habe mich bei allem beobachtet und gemerkt, wie wohl ich mich fühlte. Wie wenig ist manchmal nötig, um dieses Wohlgefühl zu erleben. Was sind wir Menschen mit unseren großen Ambitionen? Haben wir unser Maß verloren?

Auf der Straße nach Whistler, die ich heute fuhr, wurde gebaut. In einer Kolonne wartete ich zwanzig Minuten und schlief dabei sitzend im Auto ein. Die vor mir fuhren an, die hinter mir fuhren um mich herum und davon. Ich merkte von allem nichts. Als alle weg waren, weckte mich die junge Frau, die uns angehalten hatte, und ich fuhr weiter. Niemand hatte gehupt oder gerufen. Ich musste lachen, dass es das auch noch gibt in unserer hektischen Zeit.

Es scheint uns heute schwerer zu fallen als früher, die Dinge unseres Lebens wirklich zu lieben. Ist es, weil sie kurzlebiger sind oder weil unser Leben zugeschüttet zu sein scheint mit Dingen? Ist es unsere Fülle, oder werden wir unfähiger, die Dinge zu beseelen oder sie in unsere Seelen einzulassen? Die Massenproduktion hat viele Artikel billig in der Herstellung gemacht, darum sind sie leicht ersetzbar. Ein Verlust ist kein wirklicher Verlust mehr, weil man an dem verlustig gegangenen Gegenstand nicht hängt und weil man sich für wenig Geld einen Erstz leisten kann. Ich erinnere mich, wie kostbar eine Schleuder (selbstgemacht), ein Taschen- oder Fahrtenmesser, ein Buch, ein Rätselheft, ein Fahrrad, eine Anstecknadel für mich als Junge waren. Und etwas von dem Zauber, die genannten Sachen zu besitzen, überträgt sich für mich auch heute noch auf das, was ich besitze. Und so kann es gelegentlich passieren, dass ich in einer liebevollen Zwiesprache dasitze mit meiner Kamera, einem Füllfederhalter, einem weichen Bleistift, einem Pullover, einem Wandbehang, meiner Computer-Tastatur, einem Taschenbuch, einer Ledermappe, einem Handschuhpaar (ohne Fingerspitzen, zum Fotografieren), einem Taschenrechner, einer Lupe, einem Metallineal, einer Landkarte, einem Armband, einem Stempel mit meinem Namen und vielem mehr. Mein Leben wäre beträchtlich ärmer ohne sie und ohne diese innere Einstellung.

Als es heute Nacht plötzlich windig wurde, bin ich aufgestanden, um den Sonnenschirm auf der Veranda zusammenzulegen. Es war fünf Uhr morgens und ganz entfernt konnte man die ersten Anzeichen des Tages ahnen. In einigen Kilometern Entfernung zog gerade ein Kreuzfahrtsschiff von Alaska nach Vancouver zurück, mit wahrscheinlich 2000 Menschen an Bord. Es war hell erleuchtet. Ich hatte nur Boxershorts an und spürte den starken, kühlen Wind auf der nackten Haut des Oberkörpers und an den Beinen. Es war ein besonderes Lebendigsein und Verbundensein mit der Welt, die ich da spürte. Die Welt schien besonders groß und ich fühlte mich ihr gewachsen. Ich gehörte in sie und zu ihr. Es war meine Welt. Ich machte nirgends Licht, bewegte mich sicher durch das dunkle Haus und spürte gerade in der Dunkelheit die Verbindung zur Welt und meine gute Stärke. Es war mir deutlich, dass die Welt aus dem besteht, was wir sehen, aber gleichzeitig unbeschreibliche, nur ahnbare Seiten hat, in denen das Sichtbare zu ruhen scheint.

Es bedarf einer großen Achtsamkeit und eines tiefen Glaubens, um uns zu befreien von dem Gefühl, dass unser Leben aus Zufälligkeiten besteht. Die Achtsamkeit hilft uns die Einzelheiten wirklich wahrzunehmen und der Glaube hilft uns, die Einmaligkeit dieser Einzelheiten zu entdecken. Diese beiden helfen uns über das Gefühl der Willkürlichkeit allen Lebens hinauszugelangen. Ich lege meine Hand auf deine und spüre, dass ich meine Hand auf deine lege – es ist nicht ein anderer und es nicht eine andere Hand, sondern ich bin es mit meiner Wahl. Es geschieht nicht an mir, sondern ich mache es geschehen.

Ich habe keine Gardinen an den Fenstern, durch die ich aufs Meer hinaussehe. Niemand kann vom Meer hereinsehen. Wenn abends diese Scheiben schwarz werden und nichts mehr hinter ihnen zu sehen ist, spiegele ich mich in ihnen. Sowie die Welt verschwindet, werde ich deutlich. Vielleicht ist das notwendig: Ohne die Welt unsichtbar werden zu lassen – zumindest für eine gewisse Zeit – kann man sich selbst nicht sehen.

Ich erlebe eine tiefe Liebe zum Alphabet, weil es mir erlaubt, die Welt auseinander zu nehmen und dann wieder zusammen zu bauen – jedesmal in einer anderen Form. Gibt es irgendwo sonst soviel Freiheit, mit so wenig Begrenzungen? Und alles ist nur das ernste Spiel mit dem Leben. Der spielerische Ernst.

Man hat einen Himmelskörper entdeckt, der einen Durchmesser von 800 Billionen Kilometer hat. Das hat mich gereizt zu errechnen, wie wir als Erde neben diesem Himmelskörper erscheinen würden. Wenn die Erde ein Stecknadelkopf von 1/2 mm Durchmesser wäre, dann hätte dieser Himmelskörper neben uns einen Durchmesser von 31 000 Kilometer, also mehr als doppelt so groß wie die Erde. Wenn wir also unsere ganze Erde in ein Raumschiff verwandelten, aus unserer Umlaufbahn um die Sonne herausschipperten und nach Ewigkeiten auf diesem namenlosen Himmelskörper landeten, dann wären wir so groß wie ein Sandkorn, das auf ihn fiele. Ich staune gern bis an den Punkt, wo die Vorstellungskraft aussetzt. Dann fühle ich mich besonders wohl.

So wie ich heute hier bin, so gegenwärtig und verliebt in diesen Tag mit seinem blauen Himmel, mit den Silberwellen des Meeres, mit meinen Gedanken, die so schnell kommen, dass ich ihnen kaum folgen kann, so wie ich heute hier bin, fällt es mir schwer, mir vorzustellen, dass ich morgen oder in einer Woche nicht mehr hier sein könnte. Und doch ist es so leicht möglich. Der Tag morgen ist mir nicht sicher und nichts wird ihn sicherstellen – kein Gebet, kein Gutsein, keine Beziehung, keine Zugehörigkeit, kein Engel, nicht das Glück und nicht all die Vorkehrungen, die ich getroffen habe. Ungeheuer zerbrechlich ist das Leben. Und doch ist der Moment, in dem ich dieses schreibe, ein Moment großer Festigkeit, erfüllt mit einem tiefen Glücksgefühl. Ich lebe und bin geerdet, hier gehöre ich hin. Ich will lernen, dass es Glück immer nur für den Moment gibt. Tausendmal am Tag kann ich es empfinden und es wird immer anders sein.

Ich suche immer nach Büchern, die etwas mit mir machen. Ich will nicht nur unterhalten und beschäftigt, werden. Ich will etwas mit mir gemacht bekommen. Was das ist, kann ich kaum sagen. Vielleicht möchte ich wieder so angesprochen werden, wie mich Bücher als Kind angesprochen haben – ich konnte in ihnen verschwinden, die Welt vergessen. Ich konnte immer wieder zu derselben Seite zurückkehren auf der Old Shatterhand um sein Leben schwimmt oder mir das Bild in den Deutschen Heldensagen ansehen, auf dem Hagen im Begriff ist, den Speer nach Siegfried zu schleudern. Es ist das Hineingenommenwerden in die große geheimnisvolle Welt. Das wünsche ich mir auch heute noch. Ich möchte der ganzen vorhersagbaren, grauen Alltäglichkeit entkommen, hinein in ein Buch, das mit Geheimnis angefüllt ist. Ob es die Anfangszeilen eines Gedichtes von Whitman sind „I celebrate myself" oder die wunderbaren Zufälle in den Büchern von Paul Auster, dem zeitgenössischen, amerikanischen Schriftsteller, oder die oft einfachen Zeilen in den Gedichten von Mary Oliver „You do not have to be good." Sie alle sind für eine Überaschung gut – und plötzlich (oder manchmal auch langsam) verströmen sie etwas von dem Zauber des Lebendigseins, hier und jetzt, in diesem Körper, in dieser Welt. Ich gebe zu, ich begeistere mich für Bücher. Sie laufen bei mir keine Gefahr, durch Film, Fernsehen und Computerspiele verdrängt zu werden. Ob es „Das Erbe von Björndal" oder „Sigismund Rüstig" ist, die Erzählungen von Franz Kafka oder die Gedichte von Ungaretti.

Das ist das Mysterium der Bücher. Und ich hoffe – auch wenn es mir manchmal vermessen scheint – dass es meinen Lesern mit meinem Bücher ab und zu auch so geht.

Etwas ganz langsam tun, was man auch schneller tun könnte. Eine Tasse Kaffee langsamer trinken, ein Buch langsamer lesen. Jeden Schluck, jeden Satz vorsichtig kauen, erleben. Langsamer reden, vielleicht zunächst nur mit sich selbst. Auf die Zwischenräume zwischen Wörtern und Sätzen achten. Langsamer schreiben. Wieder die einzelnen Buchstaben beim Formen mit Bleistift, Kuli oder besser noch mit einem alten Federhalter erleben wie in der ersten Klasse. Im Verkehr die offensichtlich langsamste Spur nehmen, sich überholen lassen und daran freuen. Sein Bewusstsein verändern lassen und bewusster erleben. Die Textur des Lebens wiederentdecken.

Ich habe den Long Canyon in Utah schon öfter fotografiert, auch zu verschiedenen Tageszeiten. Aber heute ist er besonders schön. Ich bleibe etwa sechs Stunden und beobachte, wie sich die gemaserten Felswände von Stunde zu Stunde verändern. Ich nehme am Leben des Canyons teil, bis die Sonne ihn nicht mehr erreicht. Die letzten Bilder mache ich ohne Sonne, in einem besonders milden und sanften Licht. Der Stein wirkt nicht mehr so hart, sondern fast wie Fleisch. Weil es keine Schatten mehr gibt, werden die Felswände nicht so zerschnitten. Die Beziehung zu dieser Landschaft wird durch den langen Kontakt tiefer. Und morgen bei Sonnenaufgang werde ich weitermachen.

Überall gibt es etwas zum Feiern finden: Grashalm, Vulkan, Licht, Schatten, Gedanke, Leere, und wenn sich alles zu verdunkeln droht und die Schwere in uns wächst und vielleicht sogar die Angst, die aus ihrer Umzäunung gekommen ist, und wir meinen, alles verloren zu haben, dann können wir immer noch die Suche und die Fähigkeit zu suchen feiern.

Ich habe vor einem Jahr 30 Bäume unter einer Hochspannungsleitung ausgegraben und bei uns an der Straßenseite unseres Hauses wieder eingepflanzt. Jetzt wollen wir mit unserem Haus hinter ihnen verschwinden. An der anderen Seite des Hauses, wo das Meer liegt, soll alles offen bleiben, als würden wir da Meer einladen zu uns ins Haus zu rollen.

Ich will das Anfassbare. Ich will durch die Dinge zu den Dingen finden.

Vater und Sohn (etwa vierjährig) beim Drachenfliegen. Mehr als ein harmonisches oder schönes Bild ist es einfach ein Bild. Sie lassen einen Drachen steigen, und doch sind es zwei Drachen, der Drachen des Vaters und der des Sohnes. Sogar die äußeren Dimensionen sind für Vater und Sohn verschieden. Dem Sohne geht er über den Kopf, dem Vater nur bis an die Hüfte. Dann gibt es noch einen dritten Drachen, der, der für mich fliegt, während ich zusehe.

Momente nicht überbetonen. Sie hinten und vorne an die fortlaufende Zeit anschließen.

Hat nicht diese leere Seite etwas wunderbar Befreiendes an sich? Nichts weiter. Vielleicht doch: Ich darf auch unbeschrieben, darf auch leer sein.

Manchmal habe ich Angst, dass schon die Generation unserer Kinder nicht mehr fähig und/oder willig sein wird, die subtilen Nuancen wahrzunehmen, weil alles in unserer Kultur auf die unterschiedlichste Form brutalisiert wird. Was früher mit einem Blick ausgedrückt wurde, muss heute mit einer Handlung getan werden, und wo früher eine vorsichtige Handlung schon sehr viel bedeutete, muss heute eine extreme, dramatische Tat her. Wir leben in einer Inflation des Ausdrucks und entwerten damit viel Wertvolles. Wenn ich das so formuliere, komme ich mir fast wie ein alter Mann vor, der nicht mehr mit der Zeit mitgeht. Aber ich glaube, das ist es nicht. Es ist Ausdruck meiner Sehnsucht nach einer Sanftheit, in der das Leben wieder einen unaussprechlichen Wert bekommt und in der wir nichts beteuern und betonen müssen, um glaubwürdig zu sein. Ich werde darum auch weiter Tagebücher veröffentlichen, um diese Aufmerksamkeit zu betonen und dem Kleinen, Sanften, Vorsichtigen eine eigene Wirklichkeit zu geben.

Im Zoo von San Diego lese ich, dass es etwa 60 Millionen Bison gab, als die Weißen nach Nordamerika kamen. 1889 gab es, durch das übertriebene Jagen der Weißen, meistens nur aus Spaß am Töten, nur noch 541. Dem europäischen Gegenstück, dem Wisent, ging es viel früher nicht anders.

Ich denke an die vielen Dichter, Maler und Musiker, die ganz jung gestorben sind. Wackenroder 25, Novalis 29, Büchner 23, Masaccio 27, Raffael 37, Mozart 35, Franz Marc 36. Ich beneide sie nicht, merke aber, wie viel mehr es erfordert, mit dem zunehmenden Altern eine Vision zu erhalten, nicht gleichgültig, zynisch, hart oder gelangweilt zu werden. Sterben kann dramatisch sein - leben, weiterleben kann so prosaisch aussehen, so alltäglich und durchschnittlich. Aber gerade da will ich mit meiner „Kunst" ansetzen - in der Verwandlung des Alltäglichen.

In der Küche: Bewegungen, die fließend ablaufen: mit einer Hand den Topf von der Kochplatte nehmen, den Löffel auf dem Tisch entlangrutschen lassen, dass er ins Abwaschwasser fällt, in den dreißig Sekunden, die ich noch habe, ehe ich den Wasserkessel abstellen muss, gelingt es mir gerade, Öl und Zitrone mit Sellerie- und Knoblauchsalz für den Salat zu mischen. Keine Sekunde ist verschwendet. Insgesamt ein Wohlbehagen, weil alles passt und gelingt. Dann singe ich. So kann die Welt bleiben. Ich bin erstaunt, dass es nicht mehr bedarf, um mich glücklich zu machen.

Auf unserer Campingreise an der Westküste von Vancouver Island entlang sind wir am French Beach am Pazifik. Es ist Sonntagmorgen. Unser fast tägliches Frühstück – Obstsalat mit Quark und Leinöl – essen wir an dem fast menschenleeren Strand. Uns gegenüber liegen die Berge der Olympic Halbinsel im US Bundesstaat Washington. Als wir mit dem Essen fertig sind, versuchen wir beide, Kiesel vom Strand aufeinander zu schichten und zu sehen wie viele wir aufeinander gelegt bekommen, ehe der Turm aus diesen ungeraden Steinen umfällt. Wir schaffen zwölf Stück. Wir reden über das Leben nach dem Tod und ob es nicht für dieses Leben vielleicht egal ist und keinen Unterschied macht, ob es ein Leben nach dem Tod gibt oder nicht. Dann schichte ich sechs Kiesel auf meinem Knie auf. Ich muss sehr still halten. Es ist eine gute Übung.

Es ist so wenig – wir haben keine welterschütternden Einsichten, wir lösen keine Probleme. Aber alles ist gut so. Die Erlebenisse dieses Morgens werden zu unseren inneren Bildern hinzugefügt. Wir sind ein Stück reicher.

Glück: schreibend im dunklen Zimmer beobachten, wie das Licht draußen weniger wird und ich schließlich nicht mehr sehen kann, was ich schreibe. Kein Licht machen. Warten. Auf nichts.

Gott, Religion, Glaube

Ich will mich öffnen für die Freude, die unbändige, die überraschende, die durch das Leben zieht und sucht, auf wen sie sich niederlassen kann. Aber wir müssen uns empfangsbereit machen; gerade inmitten unserer Angst und Unruhe der Freude einen Landeplatz vorbereiten. Wenn wir es nicht tun, kann es sein, dass die Freude sich bei uns niederlässt, wir sie aber nicht erkennen. Wir beherbergen Engel und wissen es nicht. Die Vorbereitung ist das bewusste Auftun des Herzens. Und was ist das Auftun des Herzens anders als das Erkennen, dass alles in uns auf die Gegenwart Gottes wartet!

Mehr und mehr wird eine tiefinnere, zurückgenommene Spiritualität Thema meines Schreibens. Spiritualität hat für mich wenig mit Religion zu tun. Wenn es um etwas Erklärbares geht, wenn ich ein System anbieten soll, etwas Zusamenhängendes, eine Glaubens– und Anbetungsordnung, dann wird meine Spiritualität gegenüber der organisierten Religion immer schwächer und unartikulierbarer wirken. Das ist ihre Natur, das ist ihr Wesen. Spiritualität ist Kontext, während die gefeierte Religion den Kontext oft auflöst und den Glauben gesondert vom Leben stellt. Spiritualität ist Haltung, nicht Inhalt. Sie ereignet sich in unserer Art die Welt anzusehen. Spiritualität ist Wahrnehmen, nicht Wissen. Die Heilsgewissheit, die in meiner Jugend betont wurde (weniger von mir, als von denen, die sie mir vermitteln wollten), ist von einem Staunen vor der Unfassbarkeit und Unverständlichkleit der Welt ersetzt worden. Spiritualität ist das Ende der Hierarchie und der Anfang der Schwestern- und Bruderschaft. Spiritualität ist das Erkennen, dass wir alle zu einer Familie gehören: der Fels, der Baum, das Land, das Wasser, der Stern, der Regen, der Mensch, die Stille, die Sehnsucht. Ich bin nicht herausgelöst, sondern hineingegeben, ich bin nicht getrennt, sondern verbunden.

Der Wunsch nach einer „kopernikanischen Wende": bewusst im Paradies leben zu dürfen.

ICH BIN NICHT HERAUSGELÖST, SONDERN HINEINGEGE-
BEN, ICH BIN NICHT GETRENNT, SONDERN VERBUNDEN.

Gott ist die Sehnsucht. Die Sehnsucht ist eine Art Gottesbeweis. Weil wir uns nach ihm/ihr sehnen, muss es ihn/sie geben. Die Sehnsucht ist nicht nur in Gott, sondern wir sind auch in ihr. In unserer Sehnsucht begegnen sich Mensch und Gott.

Für manche heißt an Gott zu glauben, ihm alle Schuld geben zu können, um sich so aus der Verantwortung zu ziehen. Für andere heißt ihr Glaube, sich selbst alle Schuld zu geben, um Gott so aus der Verantwortung und echten Beteiligung an der Welt entlassen zu können.

Gott könnte sagen: „Ich finde mich in den Inhalten eures Glaubens nicht wieder, wohl aber in eurem Bedürfnis zu glauben und in eurer Fähigkeit, zu suchen. Das ist es auch, was ich seit der Schöpfung praktiziere."

Gott braucht keine Erinnerung an die Erde. Aber vielleicht brauchen wir es, wenn wir uns von der Erde wegglauben und uns dabei fromm fühlen.

Jede Verfestigung transzendenter Erfahrungen, jedes Religionmachen ist die Absicherung gegen religiöse Erlebnisse, deren Charakter es zu sein scheint, dass sie bekannte Formen sprengen und nicht einzuordenen sind.

Keine einzige religiöse Tat mehr aus Angst tun. Nur aus Sehnsucht handeln.

Wir fangen mit „Fleisch" an, unserem Fleisch, unserer Not, unserem Schmerz, unserem Versagen, und verwandeln dieses Fleisch in „Wort", aber nicht das Wort, von dem es heißt, dass es Fleisch wurde, sondern in ein Wort aus Buchstaben nicht aus Blut und Atem. Und jeder Buchstabe legt sich wie eine Schlinge um unseren Hals und erdrosselt uns. Erschütternd freiwillig begeben wir uns unter die Herrschaft dieser Buchstaben, lassen uns gefangensetzen, weil die Angst vor der Freiheit noch größer ist als die vor der Trockenheit der Buchstaben. Lieber die Enge, die wir kennen, als die Weite, die wir nicht kennen. Und so löst sich langsam das Fleisch von unseren Knochen. Atrophie setzt ein. Unser Leben bildet sich zurück. Aber es ist nicht das Abnehmen, damit er zunimmt, sondern ein erbärmliches Vertrocknen. Der ungeheure Reichtum des Lebens, die Buntheit, das Blühen und Wachsen, die Verwandlung des Lichtes in die Vielfalt der Farben, all das bleibt links liegen, und langsam meinen wir sogar, es verachten zu müssen, als Selbstschutz, weil das Vertrockenende durch das Blühende verunreinigt werden könnte. Für den Tod ist das Leben immer unrein. Und so wird mit Buchstaben die große Verneinung des Lebens gebaut.

Jede Regel, ohne die Gott nicht anzubeten ist, jede Künstlichkeit, die zu beherzigen ist, jedes Dogma, das zu glauben ist, ist der Versuch, Gott handhabbar zu machen. Jede Rolle, jede Sondereinsicht, jede besondere Gebetshaltung, jede spezielle Überlieferung, auf die der Gottsucher und die Gottsucherin angewiesen ist, jede besondere Fomulierung, alle Geheimnisse, jeder besondere Ort (ich lese gerade etwas über Bethlehem), sie alle machen mich müde. Wenn Gott auf diesem Wege zu erreichen ist, dann muss er ein alter Gott sein, den wir noch mitgebracht haben aus unserer magischen, animistischen Vergangenheit. Der Gott, an den ich bereit bin zu glauben, braucht keine Priester, Vermittler, Eingeweihte, keine besonderen Orte, keine geheimen Formulierungen – er ist direkt und ohne besondere Umstände ansprechbar.

Die meisten Religionen versuchen die Welt zu vereinfachen. Nicht nur in ihren Institutionalisierungen, sondern auch schon in ihren Lehren. Es gab Zeiten, da schienen wir als Menschheit keine kompliziertere Welt vertragen zu können als schwarz/weiß, gut/böse, oben/unten, Himmel/Hölle, hell/dunkel, Gott/Teufel. Aber jetzt ist die Zeit, in der immer mehr Menschen mehr wissen wollen. Wir sind bereit, es mit der Differenziertheit der Welt aufzunehmen. Gott und wir können uns gegenseitig mehr zutrauen. Es ist gut, aber auch anstrengend, aus den Kinderschuhen hinauszuwachsen.

Am Christentum stört mich immer wieder neu das ganze gedankliche Gebäude, das Übervolle, das Befrachtete, das Antwort-Haben auf alle Situationen. Daraus entsteht die schreckliche Enge, in der jede Leere wie eine Anschuldigung oder wie eine Selbstbezichtigung zu sehen ist. Dabei gibt es ja gerade im Bereich der Religion, im Spirituellen, den unendlichen Raum und eine implizite Forderung, diesen Raum zu wahren. Wenn unsere Spiritualität auch dem Erklärungszwang unterworfen ist, dann bleibt uns kein Freiraum mehr.

Vieles können wir nicht mehr. Das Gefühl der Ohnmacht hat zugenommen. Über unsere Köpfe hinweg wird entschieden, wie die Welt weitergehen wird. Alles wird festgelegt, ohne dass wir gefragt werden. Und die, die sich dazwischenwerfen, werden zermahlen. Und doch bleibt uns das Größte: die freie Entscheidung, uns dem anderen Menschen zuzuwenden oder nicht. Keine Armee, keine Gesetze, weder die steigenden Ölpreise noch die schleichende Inflation kann uns davon abhalten, wenn wir uns dafür entschlossen haben. Außerdem wird gerade in Notsituationen die Liebe erfinderisch. Und plötzlich ist uns Unwichtigen, Ohnmächtigen die Herrschaft der Welt in die Hände gegeben.

Meine Abneigung allen religiösen Vorbildern gegenüber wächst, besonders, wenn sie sich als Vorbilder sehen oder von andern als solche ausgegeben werden. Es hat mit meiner Ablehnung des Nachmachens, Imitierens, Bewunderns, Verehrens und Beweihräucherns zu tun. Und doch kenne ich eine fast unbändige Freude beim Entdecken (meistens durch Lesen) von spirituell überragenden oder weisen Persönlichkeiten, aber nicht, um ihnen nachzueifern, sondern weil es mich bestärkt, meinen Weg mit der gleichen Konsequenz zu gehen. Und ich glaube nicht, dass dies noch eine Form der Rebellion ist wie bei Jugendlichen, die meinen, sich gegen Vorbilder wehren zu müssen. Es ist für mich die Betonung des einzelnen und seines unverwechselbaren Beitrags.

Mancher Leute Abwehr gegen Gott ist eine Form von Gauben. Der Glaube mancher Leute ist eine Art Abwehr Gott gegenüber.

Er bewegte sich als Christ unter Menschen, nicht als Mensch unter Menschen.

Es gibt Momente, in denen wir, um in unserer Entwicklung einen neuen Raum zu betreten, einen Sprung, einen Qualitätssprung machen müssen. Um den Sprung zu tun, müssen wir genau das Gegenteil von dem tun, was wir bisher getan haben. Die Treue zu uns selbst, die uns jahrelang geführt hat, kann zu einem Tod werden, der uns den Sprung nicht tun lässt. Wir müssen uns dann untreu werden, um die höhere Form der Selbsttreue zu errreichen.

Ich kenne deinen Weg nicht. Auch wenn ich dich liebe. Das zu sagen ist ein Glaubensschritt.

Wir haben Religion entwickelt, um über das Alltägliche, Verstehbare hinauszugelangen. Religion ist Ausdruck unseres Wunsches, etwas außerhalb von uns selbst – etwas Größeres – anzuerkennen. Aber es kann ebenso die Religion sein, die uns ab eines gewissen Punktes abhält, diesem geheimnisvollen Etwas näherzukommen, und es uns am Ende ganz verstellt.

Was, wenn sich der Glaube so ausdrückt, dass man nicht glaubt, weil man sicher ist, dass Gott den Glauben nicht braucht, um wirklich zu sein?

Grundlegendes Vertrauen, das nicht nur Basis ist, sondern eine Basis oder einen Grund legt, oder herstellt. Vertrauen ist vor dem Grund da und stellt ihn dann her.

Wenn du dir Steine in den Weg legst, nimmt Gott sie nicht weg.

Wenn das Fleisch wieder Wort wird (abstrakt, Buchstaben auf dem Papier), wenn der Weg nicht mehr ein Mensch ist, sondern eine durch Regeln und Gesetze markierte Verengung des Lebens, wenn die Wahrheit nicht mehr ein Mensch ist, sondern die Definition von richtig und falsch, wenn das Leben nicht mehr Lebendigsein ist, sondern der risikolose Versuch, fehlerlos seine Zeit abzusitzen, dann weiß ich, dass ich es mit Religion zu tun habe und nicht mit dem, der durch sein Leben die Religion zerstört und überflüssig gemacht hat und uns so von ihr befreit hat.

Ich merke, dass es den Glauben gibt, dass uns das Alter – ab eines gewissen Alters – nahe legen wird, was wichtig ist und was nicht. Aber es geschieht nicht. Unsere Einstellungen verändern sich nicht von selbst. Wir verändern uns nicht von selbst. Wir müssen uns ausstrecken. Auch beim Altern ist Veränderung eine Frage der Entscheidung. Das Alter verändert uns nicht. Es gehört wahrscheinlich zu unseren ganz tiefen Wünschen und Erwartungen an das Leben, dass etwas von selbst geschieht, und zu unseren großen Enttäuschungen, dass das nicht so ist.

Nichts geschieht von selbst.

Auch

beim Altern

ist Veränderung

eine Frage

der Entscheidung.

Meine Vermutung ist, dass es letztlich nicht darum geht, etwas zu glauben oder es nicht zu glauben, sondern um die Bewegung im Leben eines Menschen. Wenn ich Gott wäre, dann würde ich Menschen nicht danach beurteilen oder auch nur einteilen, ob sie etwas glauben oder nicht. Wichtig wäre für mich ihre Lebendigkeit, ihre Bewegung, ihre Entfaltung, und unwichtig und unpassend wäre jede Art von Vergleich und jede Art von Sortieren. Etwas zu glauben oder gar glauben zu müssen scheint mir wie ein Relikt (für manche eine Reliquie) einer alten Zeit, in der es um Zugehörigkeit zum rechten Glauben, zur rechten Gruppe ging. Über die Zugehörigkeit wurde ein Mensch schnell eingeordnet. Und diese Art zu urteilen und zu ordnen schieben wir auch Gott zu - er wird der große Urteiler, der große Richter, der dann sogar nach Glauben oder Unglauben richtet. Alle Revolutionen, ob sie sozialer oder religiöser Art waren, hatten das Bestreben, die festen Regeln der Zugehörigkeit in Frage zu stellen und die geschlossenen und ausgrenzenden Gruppen zu sprengen und sie für alle zugänglich zu machen.

Spannung

Mein Leben entsteht aus zwei Kräften, die auf geheimnisvolle Weise miteinander verbunden sind: aus meinem Willen, den ich einsetze, einerseits, und aus der Zuwendung Gottes oder der Ordnung des Lebens andererseits. Die beiden greifen ineinander, um eine Einheit zu bilden. Es ist nicht zu sagen, welche von beiden Kräften zuerst da ist, weil sie aufeinander zuarbeiten und einander ergänzen. Darum kann ich weder alles nur an mir geschehen lassen, noch versuchen, alles mit meinem Durchhalte- und Durchsetzungsvermögen zu erreichen. Das Leben ist wie ein Schloss, dass sich nur mit zwei Schlüsseln öffnen lässt. Beide müssen an ihren entsprechenden Stellen eingefügt werden, wenn das Schloss aufspringen soll. So erlebe ich einerseits das Glück, mein Leben in der Hand zu haben und es gestalten zu können und andererseits das Glück, in einem größeren Rahmen aufgehoben zu sein. Ich darf aktiv und passiv sein, ich darf lieben und mich lieben lassen.

Ich glaube, keiner von uns geht umher, ohne einen Stein auf dem Herzen zu haben. Etwas fehlt, etwas ist noch nicht ganz richtig, etwas ist nicht zu verstehen oder nicht aufzuhalten – das ist der Stein. Dann gelingt uns wieder etwas, und ein Stein fällt uns vom Herzen. Aber es ist nie der letzte. Vielleicht gibt es mal einen steinfreien Tag oder auch eine steinfreie Woche, aber dann spüren wir wieder den nächsten Stein. Es scheint zum Leben dazuzugehören, an und mit den Steinen auf unserem Herzen zu arbeiten. Ich glaube, es ist die schwere, aber auch schöne Arbeit des Herz-Gewinns, gegen alle Versteinerung.

Einerseits immer der Drang nach Ordnung, System finden, in den Griff kriegen. Andererseits die tiefe Sehnsucht, weggerissen zu werden, gesetz- und systemlos zu leben. Vielleicht sind beides keine Ziele, sondern das Ziel ist, die Spannung zwischen beiden kreativ zu ertragen und zu bejahen. Meine Sehnsucht nach Lebendigsein. Strom fließt nur zwischen zwei gegensätzlichen Polen. Wenn die Pole weit getrennt sind, muss der Funke weiter springen und ist dadurch größer. Die Gefahr liegt darin, sich für die eine oder andere Seite zu entscheiden. Dann springt kein Funke mehr. Das Leben ist auf eine Dimension reduziert.

Alles als Auflehnung gegen die Gewöhnung verstehen. Und dann ganz aufmerksam bleiben, weil auch die Auflehnung selbst schon wieder Gewöhnung in sich trägt.

Ich bin zufrieden mit dem, was ich habe! Ich brauche mehr! Ich meine beide Sätze nicht nur im materiellen Sinn. Das ganze Leben ist ein Balancieren zwischen diesen beiden. Es ist der alte Kampf zwischen Zufriedenheit und Sehnsucht. Vielleicht kann die eine Seite nur in der Verankerung in der anderen Seite leben, ohne die Einseitigkeit zu schaffen, in der wir untergehen. Zufriedenheit ist keine Leistung in sich, besonders dann nicht, wenn wir dadurch aufhören zu fragen, unterwegs zu sein und uns zu entwickeln. Und Sehnsucht nach Mehr ist es auch keine Leistung in sich, besonders dann nicht, wenn wir dadurch unzufrieden werden, und dadurch unfähig sind, im Moment zu leben. Die Verankerung der einen Sicht in der anderen ist das bewusste Leben in beiden zur gleichen Zeit – zufrieden zu sein, während man sich ausstreckt, und sich trotz aller Zufriedenheit auszustrecken. Wieder einmal halten Gegensätze einander gesund.

Mit welcher Hartnäckigkeit wir uns Gewisses nicht erlauben, weil uns jemand mal gesagt hat, dass uns das nicht zusteht. Tief in uns nehmen wir dieses Urteil als unfehlbar an. Manchmal aber gelingt es einem Fremden, der den Zauber unserer Kindheit nicht gehört hat, uns von diesem Urteil zu befreien. Zitternd, mit viel Unsicherheit nähern wir uns dem, was uns nicht zusteht, und stellen fest, dass es nicht stimmt. Vielleicht hat es nie gestimmt. Es war nicht unsere Angst, sondern die Angst vor der Stimme jener Erwachsenen in unserer Kindheit, die uns die Wege verbaut hat.

Man muss dem Leben erlauben, einem Fragen zu stellen. Vielleicht ist es unser Lebensinhalt, vielleicht sogar das höchste Ziel, anzustreben, diesen Fragen standzuhalten und uns ihnen nicht zu verweigern, oder gar vor ihnen davonzulaufen. Davonzulaufen kann heißen, sich in ein billiges System zu retten, das vorgibt, diese Fragen beantworten zu können.

Ein Gefühl wie ein schwarzer Vogel, der mich mit seinen Flügeln streift. Ich kann nicht den Finger auf den Ursprung dieses Gefühls legen, aber plötzlich wird das Leben ein Kampf um den Sinn. Er fällt mir nicht einfach zu.

In meinem Wunsch, zu schreiben, bieten sich manchmal Zeilen an, die wahr wirken, weil sie ungewöhnlich sind. Besonders in Gedichten. Sie scheinen angeschlossen zu sein an einen tiefere Wahrheit, an das Geheimnis, aus dem wir leben. Aber sie sind nicht wahr. Sie haben mich für einen Moment geblendet. Ich hoffe dann, dass ich den Mut habe, sie zu streichen.

Die Spannung nicht auflösen. Die gespannte Sehne des Bogens, die Saite des Musikinstruments straff halten. Selbst Pfeil und Saite sein. Sich schießen lassen, sich spielen lassen von der Spannung. Das Leben ist zweiseitig, zweisaitig, ist darum immer Spannung. Der Tod ist einseitig. Die Einseitigkeit als Flucht vor dem Leben entlarven. In unseren Gesprächen sind wir dabei, die Spannung abzubauen, ein einseitiges Bild zu basteln, um alles erträglicher zu machen. Auch das sind wir. Menschen mit Grenzen.

Mal eine Stunde lang nichts mehr einordnen.

In dieser Kultur bin ich umgeben von unzähligen Denkmälern, die dem Unreifsein gesetzt sind. Wir werden jeden Tag auf die eine oder andere Weise eingeladen, unreif zu bleiben. Es ist der leichtere Weg. Wenigstens auf die Kürze gesehen. Es gibt keine Situation, in der sich nicht Verwöhnung und Selbstverwöhnung als eine Alternative anbietet. Es ist so leicht, aufzugeben, zurück zu schreien, sich auf das Äußere zu konzentrieren, nicht zu hinterfragen, weinerlich zu sein, sich selbst als Opfer zu sehen, nicht Verantwortung für das eigene Leben zu übernehmen, nicht mehr zu sprechen, auf die ein oder andere Weise zu erpressen, nicht zu widerstehen, nicht mehr zu hoffen. Es bietet sich an – die andern scheinen auch so zu leben. Aber was gehen mich die andern an!

Es ist geradezu als wenn der Sommertag, der mit seiner Wärme, seinem freundlichen Wind, seiner Leichtigkeit der Höhepunkt des Sommers ist, als wenn gerade dieser Tag in unseren Gedanken schon den Herbst anzieht. Jede aufsteigende Bewegung hat den Höhepunkt der Bewegung als Ziel. Ist aber der Höhepunkt erreicht, steht uns plötzlich sein Gegenteil vor Augen. Es kann nur noch bergab gehen.

So schleicht sich inmitten der Wärme und des Glücks der Wunsch ein, noch einen weiteren warmen Tag, noch mehr des Glücks zu genießen, und alles was uns dann geschenkt wird, ist wie ein gesteigertes Glück, weil es schon die Neige, das Hinabsteigen, die Auflösung mit einschließt.

Manchmal frage ich mich, ob ich die Augen eines verbürgerlichten Menschen habe. Was ich sehe, sehen Augen des Mittelstandes. Mit unseren Ohren hören wir ja nur gewisse Frequenzen. Was an beiden Seiten dieser Frequenzen liegt, ist für mein Ohr nicht mehr hörbar, wohl aber für einen Hund oder für eine Fledermaus. Was, wenn es mit meinem Sehen auch so wäre? Wenn ich nur eine ganz begrenzte Bandbreite sehen würde? Das macht mir Angst. Darum will ich meine Wahrnehmung schulen und die innerliche Verbürgerlichung bis aufs Blut bekämpfen, auch wo sie in raffinierten Tarnungen an mich herantritt. In mir liegt der Bürger, der zum Zug kommen möchte; aber in mir liegen auch all die anderen Sichten, die gesehen werden wollen. Ich weiß, dass lieben können immer mit sehen können verbunden ist.

Man muss es auch ertragen, ein Mensch zu sein – zu der Spezies zu gehören, die die fürchterlichsten Verwüstungen auf diesen Planeten anstellt. Daran demütig werden.

Es wird noch lange eine Gratwanderung bleiben, zwischen dem Ich, das nicht aufgeblasen und arrogant ist, und dem, das nicht selbsterniedrigend sich selbst auslöscht. Dazwischen das Ich, das sich selbst einschätzen kann, mit seinen Fehlern, seinen Fähigkeiten, seinen Problemen und seinen Stärken. Die Sachlichkeit dieses Mittelweges ist eine heilige. Es gibt eine heilige Sachlichkeit.

Ich will immer mitdenken, dass jemand unter meiner Anwesenheit leiden kann. Aber ebenso will ich denken, dass jemand durch meine Anwesenheit glücklich werden kann. Wenn ich bewusster so lebe, werde ich nichts für selbstverständlich halten. Ich werde vorsichtiger auftreten. Ja, es kann jemand unter meiner Anwesenheit leiden. Aber ich weiß auch, dass ich immer nur zur Hälfte dafür verantwortlich sein werde, ob jemand an mir leidet oder durch mich glücklich wird. Die andere Hälfte der Verantwortung trägt der Mensch selbst.

Du wartest darauf, das Leben, das du in dir spürst, zu leben. Die Bedingungen sind alle noch nicht richtig. Zuviel von diesem, zuwenig von jenem. Aber du glaubst weiter, dass eines Tages die Bedingungen erfüllt sein werden, und dann wird das Leben, von dem du geträumt hast, diesem bunten, überfließenden, diesem dir ganz eigenen, da sein. Und dann wird sich zu deiner Überraschung schon nach kurzer Zeit ein noch tieferes Leben in dir melden, und die Sehnsucht wird neu beginnen.

Sie war heute wieder da – diese unendlich sanfte Hand, die mich berührt wie von einer anderen Welt, und mir deutlich macht, dass Vergangenes unerreichbar vergangen ist. Letzte Woche habe ich sie auch erlebt – beim Lesen eines Gedichtes von Eichendorff. Manchmal verschont sie mich tage–, auch mal wochenlang, aber dann kommt sie wieder und erinnert mich an die Zeit als ich vierzehn, sechzehn, zwanzig oder fünfunfzwanzig war und die Welt sich in jede Richtung auftat. Ich fühle mich dann wie in einer Erzählung von Theodor Storm, in der sich zwei Menschen immer wieder verfehlen und tragisch getrennt bleiben. Ich habe diese Trennung, dieses einander Verfehlen nicht erlebt, aber die Stimmung und das Gefühl sind da. Es hat etwas mit der Unwiederbringlichkeit der Zeit zu tun.

Am stärksten erlebe ich es, wenn ich das Buch über die Auswanderer in den fünfziger Jahren anschaue, zu denen auch ich gehört habe. Oft muss ich es weglegen, weil es mich zu stark berührt. Ich werde geschüttelt von Wehmut, Verlust, Sehnsucht. Ich habe oft versucht, es zu beschreiben, aber es gelingt immer nur ungenügend. Es ist die Erfahrung, dass etwas, was mein ganzes Leben war – Ursprung und Ziel in einem – dass dieses mit dem Ablauf der Zeit nicht nur ausgelöscht wird, sondern so verschwindet, dass es scheint, als habe es es nie gegeben. Familien sind auseinander gegangen, Gemeinschaften haben sich aufgelöst, Träume sind zerronnen. Die Kinder und Enkelkinder, die aus dieser Zeit hervorgegangen sind, werden von alledem nichts wissen, nichts spüren können. Nichts ist geblieben. Es ist mir, als müsste man die Zeit von damals noch einmal erleben können, um sie jetzt richtig und bewusst verabschieden zu können. Und doch weiß ich nicht, wie ich das mache würde. Auch ist es zu schmerzhaft. Um mich zu retten, flüchte ich in die Anforderungen der Gegenwart. Ich werde sachlich und nüchtern. Aber diese sanfte, zerreißende Hand ist nur ein Gedicht, ein Bild, ein Wort weit weg. Dies ist eine der wirklichen Überraschungen meines Lebens. Ich habe das Gefühl der Vergänglichkeit nicht so heftig erwartet.

Mitleidsmüdigkeit, Liebesmüdigkeit, Lebensmüdigkeit. Wirklichkeitsmüdigkeit. Immer verlockender sehen die Fluchtmöglichkeiten aus. Nur noch weg. Dann zu bleiben, wach und gegenwärtig, ist eine Art Heldentum. Oder ist dieser ganze Gedankenbereich nur Ausdruck einer bügerlichen Verwöhnung?

In manchen Nächten treffen mich die Geräusche der Kinder, die sich in ihren Betten bewegen oder in ihren Träumen leise rufen, in einer unsagbaren Tiefe. In den Momenten ist das Leben so ungeheuer verletzbar, und fast alles löst eine Unsicherheit aus. Ich halte dann fast die Luft an und warte, dass dieser dunkle Engel vorbeigeht.

Ich begreife immer mehr, dass manche der Alternativen, die ich von andern gelebt sehe, für mich unmöglich sind. Ich kann so nicht leben, ich will so nicht leben. Darum sind es keine Alternativen. Ich will üben, sie nicht mehr als Alternativen zu sehen, weil ich damit Energie spare, die ich sonst verbrauchen würde, im Nachdenken darüber, ob ich so leben könnte oder nicht. Hoffnungslosigkeit, Zynismus, Verachtung, nicht bewusst werden zu wollen, Unempfindsamkeit und Hartherzigkeit sind keine Lebensalternativen. Es ist befreiend, eindeutig zu leben.

Es ist befreiend, eindeutig zu leben.

Ich spüre die Angst vor gewissen Gedanken, praktischen und theoretischen Gedanken, weil ein begonnener Gedanke einen Zwang ausübt. Er will zu Ende gedacht werden. Ich merke aber, dass es an gewissen Stellen nicht weiter geht. Dann bin ich in einer Zwickmühle: Hinter mir der Drang weiterzudenken, ehrlich zu bleiben, und vor mir die Unlösbarkeit der Fragen. Ich dazwischen, viel zu weich, um nicht zermahlen zu werden.

Manchmal wünsche ich fast, dass etwas schiefgeht, damit ich die Chance habe, meine Kreativität oder mein Durchhaltevermögen einzusetzen, um das entstehende Problem zu lösen. Es wäre viel spannender, jetzt Komplikationen zu erleben, als alles reibungslos ablaufen zu sehen. Könnte es nicht sein, dass wir Probleme anziehen, weil wir erleben wollen, wie wir diese Probleme lösen? Wir wollen sehen was für Ressourcen wir in uns tragen und woraus wir gemacht sind. Aus diesem Blickwinkel könnte jeder Widerstand uns glücklich machen.

Wachsen, Reifen

Ich spüre schon seit einiger Zeit, wie sich eine Entwicklung in mir anbahnt. Es geht um das Überwinden von Systematik, besonders von Metasystemen. Ich habe viele Jahre mit einer Form des Systematisierens zugebracht. Ich wollte Stücke der „Weltformel" auf meine begrenzte Art finden und habe auch Stücke von ihr gefunden, über die ich glücklich bin. Sie informieren mein Leben und helfen mir zu verstehen. Aber beim Suchen der Zusammenhänge, um sie in eine Ordnung einzupassen, stoße ich in letzter Zeit immer mehr auf „die Offenheit aller Dinge", in der sich alles gegen das Systematisieren wehrt. Unser Hang zu systematisieren ist Ausdruck unserer Unfähigkeit, das ganze komplexe Leben direkt anzunehmen und uns ihm auszusetzen.

Ich bin nicht mehr der junge Mann, der ich in mir bin - noch so auf das Leben zugehend, so vor den Entscheidungen stehend. Jetzt sind die meisten Entscheidungen getroffen, aber die, die mir noch bleiben, sind sehr kostbar.

Die Schwierigkeit, das einzuladen, was uns verletzt, aber zu wissen, dass nichts anderes uns da treffen kann, wo wir getroffen werden müssen, um zu wachsen.

Vielleicht gehört es zum Alterungsprozess dazu, nach Jahren des Überwindens wieder zurückzukehren zu gewissen Grundeinstellungen, mit denen man im Leben angetreten ist. Im ersten Lebensdrittel leben wir das, was wir in uns als Anlage fühlen. Im zweiten Drittel, im mittleren Lebensalter also, gehen wir gegen das an, was wir in der Jugend einfach ausgelebt haben. Wir werden Herr/Herrin über uns selbst, wir lassen uns nicht treiben, sondern nehmen die Zügel des Lebens in die Hand. Wir werden fähig auch ein Stück gegen uns selbst zu leben. Und es könnte sein, dass wir im letzten Lebensdrittel wieder zurückkehren zu den Grundeinstellungen des ersten Drittels, aber auf einer höheren Ebene, geläuterter, bewusster, erwachsener.

Mir wird heute deutlicher als sonst, dass ich mich immer wieder an dem Lebensweg anderer orientiere. Bis zu einem gewissen Grad ist das gut, aber ich laufe damit auch Gefahr, nicht in die letzten und feinsten Verästelungen meines ganz eigenen Weges zu finden. Es hat noch nie einen Mann, Vater, Schriftsteller, Denker, Fotografen, Partner gegeben wie mich. Niemand hat mit meiner Geschichte in einer Welt wie dieser gelebt, gedacht, gehandelt. Noch nie ist die Kombination von Anlage, Talent, Unfähigkeit, Temperament so zusammengekommen wie in mir. Darum befreit mich nichts und niemand von meinem Weg. Nur ich kann mir selbst untreu werden.

Ich gebrauche meine eigene Biografie, um die Welt zu interpretieren. Ich nehme das, was ich erlebt habe, und schicke es in die Welt, und es kommt zurück mit einer Meldung über die Welt. So gebe ich den Dingen und Umständen ihre Bedeutung. Etwas anderes gib es nicht. Leider.

Glück: Ich habe mir zehn neue, kleine, schwarze Schreibhefte gekauft, in denen ich diese Aufzeichnungen durch das ganze Jahr machen kann. Jedes Heft hat 96 Seiten. Ich brauche jeweils nur die rechte Seite und mache mir auf der linken zusätzliche Notizen. Jedes Heft kostet $1,79 und wird für mich ganz Wertvolles beherbergen. Ich bin glücklich, mich so schreibend mir selbst zu nähern. Jedes Jahr neu.

Ich habe mich verändert, und es ist falsch, dass ich es getan habe, sagt mir eine Frau nach einer Lesung. Sie ist etwas ungehalten, als hätte ich sie durch meine Veränderung persönlich verletzt. Ich weiß, dass ich mich verändert habe. Es gehört zu meinem Menschsein. Ich verzichte darauf, jemandes Lieblingsschriftsteller zu sein, wenn es heißt, dass ich nicht ich selbst sein darf.

Für mich ist kaum etwas so spannend, wie das Entdecken innerer Prozesse und dann für diese inneren Prozesse Wortbilder zu finden. Darum schreibe ich Gedichte. Meine Gedichte sind also auch immer Psychologie. Umso besser, wenn es mir gelingt, diese Wortbilder auf die eine oder andere Weise ins Unendliche auszuweiten. Dann kommt zu der Psychologie die Spiritualität hinzu. Diese beiden sind sowieso Geschwister, vielleicht sogar Zwillinge, auch wenn wir versuchen, sie oft bei der Geburt schon zu trennen.

Mir fällt auf, dass ich immer weniger in meine Vergangenheit gehe, um Stoff für meine Gedichte zu finden. Das Hier, wo ich räumlich und zeitlich wohne, wird mehr und mehr zum Ausgangspunkt und Zentrum meiner verdichteten Gedanken. Ich erlebe diesen Raum wie einen Garten, in dem meine Gedichte wie Pflanzen aus dem Erdreich hervortreten. Es geschieht nicht irgendwo, irgendwann, sondern hier und jetzt. Die natürliche Schönheit dieses Ortes wirkt dabei sicherlich auch mit. Ich stelle mir dann vor, dass die Vergangenheit ganz von mir abfällt, dass ich mich kaum noch an sie erinnere und sie nur ein blasser Schatten ist. Und auch die Zukunft ist nur etwas, was es geben soll, was aber im Augenblick von kleiner Bedeutung ist. Leuchtend steht dann der Moment da, die Stunde, vielleicht gerade noch der Tag.

Die Verschiebung von der Ehrlichkeit zur Unehrlichkeit beim Sprechen ist oft leicht wahrzunehmen – wir wissen meistens, dass wir lügen. Das Lügen im Handeln geht unerkennbarer, gradueller vor sich. Eine gewisse Bewegung entspricht nicht mehr dem, das wir wirklich meinen, aber die Bewegung ist so klein, so reflexartig, dass wir sie nicht als Lüge wahrnehmen. Eine Bewegung zieht andere nach sich, und so legen wir uns ein zweites Handeln zu, einen zweiten Körper, der alles macht, was wir von ihm verlangen. So kann es nach Jahren dann sein, dass wir Dinge tun, Orte besuchen, Liturgien nachvollziehen, Körperbewegungen ausführen, die weit weg von unserem Herzen sind, alles ohne es zu merken. Sie sind natürlich geworden. Weil es so graduell geschehen ist, haben wir auch nicht das Empfinden, etwas zu tun, was nicht zu uns gehört. Da hinein werden wir dann an uns selbst krank, aber auch das merken wir nicht mehr und wundern uns nur über die Fremdheit der Krankheit.

Das, was uns frustriert, ist das, woran wir am meisten lernen können.

Ich lese über Deutschland, über die Entwicklungen dort und spüre jetzt, nach Jahrzehnten Wohnens in Kanada, manchmal die Tendenz, mich davon abzukehren, mich damit nicht zu identifizieren. Dann ist mir Kanada willkommen – der Abstand ist ein Schutz. Noch vor ein paar Jahren waren mir diese Gedanken fremd. Da wollte ich mittendrin sein, selbst wenn es schwierig oder gefährlich sein sollte. Heute erlebe ich mein Bedürfnis, mich zurückzuziehen. Ganz vage vermute ich, dass das Bedürfnis, mich zurückzuziehen, auf eine schwer verstehbare und mysteriöse Weise der Wunsch ist, auf einer tieferen Ebene mittendrin zu sein.

Wieviel werde ich beitragen zu dem, was aus mir noch werden wird? Und wird es mit zunehmendem Alter weniger oder mehr sein? Gibt es ein Alter ab dem man nicht mehr sagen kann „was aus mir werden wird", weil alles geworden ist? Ich hoffe nicht. Ich wünsche, dass auch im Alter noch immer etwas „aus mir wird", dass das Verwandeltwerden nie aufhört. Es könnte noch spannender werden, als es jetzt schon ist.

Ich übe mich, den Menschen in mir zu fassen zu kriegen, der größer ist als der, der heute Stimmungen unterworfen ist, der nicht weiter weiß, der sich verrennt, der hoffnungslos wird, der sich ärgert, der aufbegehrt, der sich im Kleinkram verliert, der vor sich selbst flieht, der nicht bewusst werden will. Ich bin größer als diese Formen von mir. Ich bin all das auch, aber ich bin nicht nur die Summe diese Haltungen und Einstellungen. Ich bin mehr. Es gibt mich gesondert von dem, was ich tue. Manchmal ist mir, als gäbe es mich noch einmal in mir, aber reifer, bewusster, verständnisvoller, liebender als ich es jetzt bin. Daran will ich micht erinnern, und daraus Kraft schöpfen.

Ich wehre mich gegen den in mir, der mich immer erklären will, besonders den Menschen gegenüber, die sowieso schon ein Bild von mir haben, das sie nicht verändern wollen. Warum will ich von ihnen verstanden werden? Auf welcher Unsicherheit in mir basiert dieser Wunsch?

Ich kehre immer wieder zu mir zurück – zu dem Hafen meiner eigenen Beständigkeit, zu den Werten, die ich gesetzt habe, zu den Zielen, die meinem Leben eine einmalige Perspektive geben. Ich kehre zurück und finde mich meistens schon vor, manchmal schon auf meine eigene Rückkehr wartend, aus der Irre fremder Meinungen.

Immer wieder gibt es plötzlich Momente, wo mich nur eine dünne Wand trennt von dem Erleben meiner eigenen Sterblichkeit. Es ist anders als meine frühere gedankliche Auseinandersetzung damit. Jetzt spüre ich etwas, denke es nicht nur. Das ist ein ungeheures Potential zum Reifen.

Das Maß finden zwischen den Plänen für die Zukunft, die mich beleben, mir Sinn geben und mich glücklich machen einerseits, und der Genügsamkeit und dem Leben in der Gegenwart andererseits. Zuweilen wirkt mein Leben so, als würde alles noch kommen, als liege alles noch vor mir. Dann frage ich mich im Stillen, ob die verlockenden Pläne für die Zukunft nur eine Flucht sind. Könnte ich leben, wenn ich keine Pläne hätte? Würde ich die Gegenwart aushalten, oder würde sie mich bedrücken, wenn ich keine Zukunft hätte?

Ich lebe weiter in dem „Raum der Verletzbarkeit". Das ganze Leben scheint unter einer Gefährdung zu stehen. Ich spüre schon seit einigen Jahren, dass diese Seite meiner Wahrnehnung wächst. Wie gehe ich damit in Zukunft um? Wie achte ich darauf, dass sie nicht sentimental oder manieriert wird? Ich merke, dass diese Wahrnehmung mich nicht davon abhält, mein alltägliches Leben zu leben. Ich zerfließe nicht, sehe aber manches unter einem anderen Vorzeichen.

Ich merke, wie ich einen stillen Abstand von Rilke nehme. Noch immer lese ich seine Gedichte, und besonders seine Briefe, gern. Seine Sprache ist mir wertvoll und sein manchmal ungewöhnlicher Ansatz im Bereich der Liebe, gefällt mir. Wenn er zum Beispiel schreibt:

„Wir haben, wo wir lieben, ja nur dies: einander lassen; denn dass wir uns halten, das fällt uns leicht und ist nicht erst zu lernen." Auch dass er so oft gegen den Strich denkt, macht mir Mut, dem zu misstrauen, was ich in unserer Kultur höre und sehe. Ich fühle mich ihm verwandt.

Und doch spüre ich, dass da etwas bei ihm unreif geblieben ist, weil er es so wählte oder weil es zu seiner inneren Verfassung gehörte. Es gibt bei ihm eine Art Sonderstatus des Dichters. Der Dichter löst sich durch seine Sprache vom normalen Menschen. Es gibt ein Pathos bei Rilke, das die Alltäglichkeit zu verneinen oder auszuschließen scheint. Ich habe bei Rilke das Empfinden, dass er aus einer Sonderwelt spricht. Er hält etwas fest, das auch noch überwunden werden muss. Genau darin liegt seine Anziehungskraft – wir als seine Leser, wollen auch eine Welt festhalten, die wir loslassen müssen. Auch wir sind aufgerufen, weiterzugehen. Auch wir müssen mehr und mehr hineinwachsen in unsere Alltäglichkeit. Auch wir müssen in dem Einfachsten das Transzendente entdecken. Die Trennung muss aufgehoben werden, der Schleier muss fallen

Ich glaube, es begann vor fünf Jahren, als ich so alt war wie Rilke als er starb – 51. Vielleicht löste der Gedanke, dass ich nun extra Jahre haben würde, die er nicht gehabt hat, diese Gedankenreihe in mir aus. Mit den zusätzlichen Jahren, die mir geschenkt wurden, kam auch die Verantwortung, aus diesen Jahren etwas zu machen.

Manchmal spüre ich auch bei Rilke, dass er sich gefällt in einer gewissen Ungenauigkeit, in dem Beharren in der Sprache. Die Sprache wirkt dann, als sei sie Endzweck, nicht Handwerkszeug. Es ist dann nicht weit bis zu einer gewissen Pose, zu einer manirierten Haltung.

Ich weiß, dass auch ich sicherlich von anderen Menschen so gesehen werden kann. Das ist meine Begrenzung, die ich noch überwinden möchte.

Vielleicht müssen manche (alle?) von uns sterben, weil wir nicht fähig oder willig sind, diesen Durchbruch zu wagen. Ich will damit nicht richten, weil auch ich irgendwo einen Punkt habe, den zu erreichen Ziel meines Lebens ist und an dem ich vielleicht scheitere.

Ich habe mir manche Gedanken „verdient", andere sind ein Geschenk. Die Kunst ist es, die geschenkten nicht als verdient anzusehen und mir darauf etwas einzubilden. So kann ich Demut üben.

Gibt es einen Moment, in dem es zur Bewusstwerdung gehört, sich selbst nicht mehr erkennen zu wollen? Vielleicht, sicherlich für einen Moment, aber auch nur für einen Moment.

Wirklich loslassen können wir nur, was wir wirklich haben. Wenn wir etwas loslassen, was wir nicht besitzen, wird es uns auf einer tieferen Ebene besitzen. Was wir wirklich loslassen, lässt uns los. Wenn wir es losgelassen haben, kann es uns zum ersten Mal gehören, ohne dass wir es besitzen müssen.

Immer wieder beginne ich mit einem Defizit. Durch meine Art hat jemand eine Nähe zu mir gespürt, die diese Person mit gewissen Verbindlichkeiten verbindet. Ich sehe das nicht so, und es liegt an mir, zu beweisen, warum ich es nicht so sehe. Ich muss mich aus der „Verbindlichkeit" herausarbeiten. Wortlos ist über mich verfügt worden, nur weil der andere die Gesellschaft auf seiner Seite hat, und ich muss jetzt versuchen, diese Verfügung zu entkräften.

WAS WIR
WIRKLICH
LOSLASSEN,
LASST
UNS

LOS.

Er war immer erst Mann. Manchmal – aber nur wenn er sich vergaß – war er Mensch. Schon Mensch zu sein erlebte er als Schwäche, er musste dazu gar nicht erst ein schwacher Mensch sein. Sein Mannsein war sein Schild. Wenn er dem entsprach, was er innen als Mann empfand, dann war er wie ein Kontinent, den er ganz allein bewohnte. An seinen Küsten war nicht zu landen. Alles wurde abgewiesen. Seine Frau, die neben ihrem Frausein auch Mensch war, reifte ihm davon. Bald verband sie nur noch ein dünner Faden. Er aber lebte so, als wäre alles gut. So wie es Männer können, auch wenn sie merken, dass etwas nicht stimmt. Es ist abzusehen, dass der Faden irgendwann reißt.

Wir neigen dazu, das zu tun, was wir bereits können. Etwa: das Festhalten in der Liebe. Und wir scheuen uns vor dem Neuen, das es zu lernen gilt. Etwa: das Loslassen. Wenn wir wachsen wollen, müssen wir das loslassen, was wir können, und uns dem widmen, was wir nicht können. Das ist die Herausforderung der zweiten Lebenshälfte. Uns nicht auf sie einzulassen, ist, langweilig zu werden für uns selbst und für andere mit unseren Wiederholungen, die lahm und matt sind.

Gewisse Gedanken gären seit Jahren in mir. Die wilde Gärung ist schon lange beendet. Einige habe ich schon umgefüllt. Bald ist es Zeit, sie in ihrer klaren Form zu trinken.

Ich tue die Augen auf und beginne zu denken. Mit der Luft und dem Licht des neuen Tages kommt das Richten und Beurteilen. Es ist so tief in uns, als wäre es eine Krankheit, die nur den Moment zum Ausbruch abgewartet hat. Aber weil wir uns so entwickelt haben und so weit in unserer Evolution gediehen sind, haben wir gelernt, unser Richten nicht zuzugeben und es nicht offen zu zeigen. Wir tarnen es, geben ihm andere, schöpferische Namen und reden um den heißen Brei – aber dahinter steht unser richtendes Herz. Und das alles tun wir nur, um nicht selbst feststellen zu müssen, dass wir nicht wissen, wie es am Besten ist. Vielleicht, wenn wir es uns oft genug sagen, werden wir glauben, dass wir wissen, wie es richtig ist. Aber weil etwas in uns es auch dann noch nicht glaubt, müssen wir weiter richten.

Jeden Tag zerfällt unser Leben ein wenig. Pläne lösen sich auf, Muskeln atrophieren, Träume versagen vor der Wirklichkeit. Aber genauso entsteht jeden Tag neues Leben – Kräfte in anderen Lebensbereichen wachsen, etwas wird durchdrungen, erkannt, begriffen und verändert. So geht es immer weiter. So halten sich die Kräfte, die Zerfall in sich tragen und die Kräfte, die Neues bauen, die Waage. So bleiben wir lebendig. So entstehen wir zu unserer eigenen Überraschung. So wird aus uns das Werk unseres Lebens.

Grund unter die Füße bekommen. Spüren, was mich gründet.

Man kann auch sich selbst bevormunden. Indem man das, was sich in einem tut, nicht ernst nimmt. Man meint es besser zu wissen. Diese zweite Stimme ist häufig tendenziös: Sie will etwas. Oft ist die Stimme eines anderen Menschen, die wir für unsere eigene halten.

Unsere Erlösung geschieht ständig. Sie kann im höchsten Glück und im tiefsten Elend verborgen sein. Es gibt nichts, dass sie nicht auslösen könnte. Das einzige woran sie scheitern kann ist unsere Unachtsamkeit. Diese Unachtsamkeit entpringt einer Verwöhnung. Wir glauben, nicht mehr erlösungsbedürftig zu sein.

Das, was mir nicht gelingt, wo ich immer wieder versage, ist das, worum es eigentlich geht. Dem, was mir gelingt, muss ich mich nicht zuwenden. Meine Fehler finden nur statt, damit ich sie merke und sie korrigieren kann. Besser noch ist, die Fehlhaltungen zu entlarven, aus denen die Fehler entstehen. Jeder bewusst erlebte eigene Fehler könnte uns darum glücklich machen: Wieder haben wir die Möglichkeit an uns selbst zu arbeiten und über unseren jetzigen Stand hinauszuwachsen. Wenn es so einfach wäre! Aber ist es wirklich so schwer, oder sind wir verwöhnt?

Geheimnis

Vielleicht ist es notwendig, einen Vorrat an Stille in uns anzulegen. In den Nächten, wenn wir wach liegen, an langen Abenden, die wir allein verbringen, bei Spaziergängen über Felder und durch leere Wälder – da können wir uns auffüllen mit Stille, mit der Ruhe, die ein Innenraum in uns schafft. Er hüllt uns in eine Sicherheit, weil Stille auch Kraft ist. Wir werden uns dann nicht mehr so schnell in der Hektik verlieren. In der Stille spüren wir uns selbst deutlicher.

Ich spüre, dass sich durch diese langen Fotoreisen etwas in mir entwickelt. Allein durch die Zeit der Stille, der Sammlung und auch des Aufgehens in der Landschaft entwickele ich eine größere Fähigkeit, in Beziehung zu leben. Auch glaube ich, dass ich auf die Beziehungen, in denen ich lebe, empfindsamer reagiere und sie mit mehr Respekt angehe. Ich komme aus der Stille in die Begegnung, und die Begegnung ist eingebettet in diese Stille und dieses Sorge-Tragen. Ich glaube, dass es nicht möglich ist, hektisch zu leben, immer verplant zu sein und darin dann noch wirklich empfindsam Beziehung zu gestalten. Wenigstens ist es für mich nicht möglich. Ich habe heute morgen einen ruhigen Anfang gehabt, habe das Morgenlicht genossen ohne zu fotografieren, habe Musik gehört und gelesen und bin immer wieder mit dem Blick über die Landschaft geschweift.

Manchmal suche ich in den Ereignissen dieser Tage nach einer Tür in eine gewisse Vergangenhheit – in das aufgeregte Lieben und Geliebtwerden der Jugend, in die erstmaligen Erlebnisse, ob es der erste Besuch des Eifelturms ist, das Entdecken einer eigenen Begabung, die erste Begegnung mit einem großen Maler, das Verschlingen einer Buchs, das die Welt öffnet. Aber die Tür in diese vergangene Zeit ist nicht zu finden. Die Ereignisse sind alle vorbei, sind umgeben von einer unaussprechlichen Trauer und Wehmut – weil es mit den Jahren nicht mehr möglich ist in dieser Beeindruckbarkeit und Offenheit zu leben. Viel ist seit der Zeit geschehen – selten geschieht uns jetzt etwas zum ersten Mal, und das zweite ist nicht das erste Mal.

Ich befrage das, was ich gerade geschrieben habe. Ist es nicht Ausdruck einer Weinerlichkeit und Blindheit für die Unauswechselbarkeit und Kostbarkeit dieses Tages, dieses Jahres, auch wenn ich nicht mehr jung bin?

Es gibt jetzt, in diesem Alter (ich bin 56, während ich dies schreibe) Erlebnisse, die die Erlebnisse der Jugend auf ihre Weise weit übertreffen, weil ich empfindsamer geworden bin, weniger beeindruckbar von dem ersten, undifferenzierteren Erleben. Die Empfindungen haben eine Feierlichkeit und einen Ernst, die sie edeln. Es ist weniger Aufregung dabei, aber dafür mehr Tiefe. Die Erlebnisse stehen in einem Zusammenhang, der ihnen ihre tiefere Bedeutung gibt, und manchmal ist es, als gäbe es ein Erkennen, das es in der Jugend nicht gegeben hat – das Erfassen einer Wahrheit, die nichts mit Richtigkeit zu tun hat, sondern mit einer göttlichen Sicht der Welt. Die Welt öffnet sich jetzt auch, aber anders als in der Jugend – sie geht auf, weil meine Konzentration an einer Stelle größer ist, als sie je in meiner Jugend mit ihrer Zerstreutheit sein konnte. Aber vielleicht ist es nicht gut, sie mit den Erlebnissen der Jugend zu vergleichen. Jedes Erlebnis ist zutiefst unvergleichlich.

Ich stelle mir vor, der Papst würde bei einem öffentlichen Besuch (Fernsehkameras, Reporter, Menschenmengen) aus dem offiziellen Protokoll aussteigen, ohne es vorher jemandem zu sagen. Er würde keinen der Ehrenträger ehren, würde ein Kind ansprechen, so unters Volk gehen, dass er seine Leibwächter verlieren würde, eine Prostituierte an ihren Augen erkennen und sie auf den Mund küssen, einem alten Mann seine Schnoddernase mit dem Ärmel seines blendend weißen Gewandes abwischen, seinen päpstlichen Ring verschenken, keine „großen" Aussagen machen und Märchen erzählend mit Kindern Eis essen. Und dann nichts erklären.

Zunächst wie vor einem Geheimnis stehen, wenn man vor einem Menschen steht. Dann das „wie" loswerden. Das Geheimnis spüren. Ein Mensch ist etwas Unendliches.

Ich hatte keine Bedürfnis nach ihrem Namen zu fragen. Ihren Namen zu wissen und ihre Vergangenheit, ihren Beruf, ihr Alter – sie alle hätten des Gespräch gefährden können, das sich zwischen uns entwickelte wie ein Wunder. So entstand die Person des Gesprächs – durch uns, trotz uns.

Es geschieht auch immer etwas an uns vorbei, sozusagen trotz unserer selbst. Es gibt ein Beobachten des eigenen Lebens, bei dem wir selbst die Überraschten sind. Das ist das Hereinreichen eines Geheimnisses aus einem unfassbaren und unbegreiflichen Raum. Ich spüre es bei meinem Schreiben.

Ein Land, in dem halbherziges Zuhören mit dem Tod bestraft wird. Wie vorsichtig die Menschen da reden, und wie gewissenhaft sie zuhören! Wie verbunden die Sprechenden und Hörenden da sind! Sie geben und nehmen einander das Leben.

Je vorsichtiger ich mich bewege, desto zerbrechlicher scheint die Welt zu werden.

Mehrmals sagen Waltraud und ich uns heute „Dies ist es!“ Das ist auch nach Jahren noch unsere Formel, unser ermunternder Aufruf, den Moment so voll zu ergreifen wie möglich. Ich stehe hoch auf der Leiter und suche schon fast verzweifelt die Stelle an unserem Haus, wo es durchregnet, um sie zu reparieren. Schon fast ein Jahr haben wir vergebens daran gearbeitet. Dies ist es! Wir sind in Eile, da hält einer von uns beiden an und sagt: Dies ist es! Ja, dies ist es wirklich. Wenn wir es jetzt nicht wahrnehmen, stehen wir plötzlich am Ende unseres Lebens und fragen: Was war das ganze eigentlich? Wir stehen in einer lockeren Umarmung in der Küche, und einer oder der andere sagt: Dies ist es! Die verschiedenen langen Trennungen in den letzten drei Jahren haben uns ganz real fühlen lassen, dass wir einander nicht immer haben und haben werden. Es ist darum ein kostbarer Moment, die Arme umeinander zu legen und es bewusst zu tun.

Nicht eine Minute an die nächste Minute, nicht eine Stunde an die nächste Stunde, nicht einen Tag an einen anderen Tag, nicht ein Jahr an das nächste Jahr, nicht ein Leben an irgendein anderes Leben verraten. In dieser Minute, in dieser Stunde, in diesem Tag, in diesem Jahr, in diesem Leben sein.

Wir sind einem mechanischen Weltbild verhaftet. Wir meinen, um einen gewissen Effekt zu erzielen, bedürfe es eines entsprechend großen Einsatzes. Wir haben noch nicht gelernt, die Umstände, die uns eigentlich eines anderen belehren müsste, fantasievoller zu deuten. Kann nicht ein winziges, unaufwendiges Lächeln einen verbissenen Menschen aufweichen, vielleicht sogar eine ganze Gruppe von verbissenen Menschen? Sind die Veränderungen in der Welt nicht fast immer durch den entschiedenen Einsatz von ganz wenigen geschehen – vielleicht wiegt die Entschiedenheit viel mehr als die Anzahl der beteiligten Menschen. Ist Intensität wichtiger als Menge? Müssen wir nicht auch in unserer Seele und unserem Geist endlich den Sprung aus der Mechanik heraus wagen?

Es gibt Gedanken in mir, die wie dunkle Wolken sind, die Schatten werfen. Und dann kann der Schatten fast von einer Minute zur anderen weg sein. Als wäre eine Zeit abgelitten, abgearbeitet, abgedacht. Ich vermute, dass es mit einer Art Symmetrie in der Welt zu tun hat. Etwas wird möglich, weil etws anderes unmöglich oder möglich geworden ist. Das geschieht nicht nur in mir, sondern auch zwischen mir und den Menschen, mit denen ich zusammmen oder verbunden bin, aber vielleicht auch mit denen, die um mich sind und die ich nicht kenne. Ich glaube, dass wir alle auf eine unfassbare Weise miteinander verbunden sind.

In uns liegt das Denkwunder. In uns liegt das Fühlwunder. In uns liegt das Glaubwunder. Nicht die Welt in ihrer Unvollkommenheit, sondern wir selbst, mit unserer Kleinlichkeit, stehen uns im Weg.

Unsere Erinnerung kann Segen oder Fluch sein. Dass der Fluch bei vielen Menschen überwiegt, kommt daher, dass wir uns besser an Schmerzen, Fehler und Versagen als an Glück erinnern können. Doch das ist eine Frage der Einstellung und der Entscheidung. Wenn wir uns eine Erinnerung an das Glück zulegen könnten, wir würden im Segen unseres eigenen Lebens stehen! Wir können üben, an die Momente, in denen alles zusammenkam, zu denken. Wir können aufzeichnen, wo wir Liebe erlebt haben. Wir können uns gegenseitig erzählen, was uns erfüllt hat. Und das heißt nicht, in der Vergangenheit zu leben. Das Glück und die Erfüllung noch einmal zu reflektieren, heißt, in der Gegenwart gesegnet zu sein – fähiger im Moment leben zu können.

Wer das Suchen nicht findet, findet zu viele unbefriedigende Antworten, in denen wir alle ersticken.

Das Schreiben beginnt da, wo das Zweifeln beginnt.

Hungrig auf das Unstillbare, das ist die Kompliziertheit der Sehnsucht.

Ich stelle mir eine Zeit in der Zukunft vor, in der wir gelernt haben werden, dass alles mit allem verbunden ist und wir vielleicht sogar eine Sprache für diese Verbindungen gefunden haben. Dazu mögen gehören: klimatische Umstände, Produktionsmethoden, psychische Stimmungen, politische Wirklichkeiten, Glaubenshaltungen, Gebete, Streitstile, gesundheitliche Zustände, Kriegsgründe, Erkenntnismuster, Epidemien, Konsumhaltungen, Tierreaktionen, Menschenambitionen, emotionale Freiheit, geistige Gefangenschaft, Meereströmungen, Erdbeben, Verbrechen. Aber wird es auszuhalten sein diese Querverbindungen zu wissen, oder wird es ein unbeschreibliches Glücksgefühl in uns auslösen, weil wir endlich erkennen, dass alles nur Aspekte eines Phänomens sind – dass es nur eine Formel für die Welt gibt?

Es gibt nichts auf der Welt, von dem man nicht mehr haben könnte, als man hat. Freunde, Geld, Zeit, Ansehen, Glück, Talent, gutes Aussehen. Wir alle können also einen potentiellen Mangel spüren, ganz gleich wieviel wir schon haben. Darum fällt Zufriedenheit dem Bettler so schwer wie dem Millionär – es ist keine Frage des Besitzes, sondern eine Frage der Einstellung. Es ist am Ende immer die Frage, wie sehr uns das besitzt, was wir nicht haben.

Sie verschenkt ihre Schönheit wie eine Gunst. Auch wenn es ihr niemand direkt gesagt hat, weiß sie intuitiv, dass sie die anderen mit ihrem Blick, mit ihrem bloßen Dasein beschenkt, eben weil sie schön ist. Darin liegt für sie die größte Gefahr ihres jungen Lebens, weil sie nicht lernt, auf etwas anderes zu bauen, als auf ihre Schönheit. Das, was ihr die Welt öffnet, verschließt sie ihr auch.

Ich entdecke die Leere, das Unausgefüllte. Manchmal übt es eine fast magische Anziehungskraft auf mich aus. Nichts zu tun, wenigstens einige Augenblicke lang, lässt mich das Leben stärker fühlen. Es geht dann nicht mehr um irgendwelche vordergründige Abläufe, sondern um das ganze große, gewaltige Geheimnis, das wir Leben nennen, in dem wir stehen und das wir ein Leben lang versuchen zu ergünden.

Ich habe wieder das starke Gefühl, dass sich etwas in mir verdichtet und Gestalt annimmt. Am schönsten sind die Momente, in denen ich noch nicht weiß, was es sein wird – das Abenteuer der Entstehung. Ich ahne, dass es, wie so oft, eine Seite von mir sein wird, die, ausgelöst durch Töne, Silben und äußere Zustände herauftreibt und mir fassbar wird.

Hinter jeder Mythologie steht der große Wunsch nach Verklärung und Überhöhung des Alltäglichen. (Darum kommen wir alle irgendwie in der Mythologie vor.) Aber was kam zuerst: die Mythologie oder die Nöte des Menschen, die die Mythologie nötig machten? Sind wir so, weil es einen Garten Eden gab, oder haben wir ihn erfinden müssen, weil wir so sind, wie wir sind?

Um fünf Uhr morgens wache ich ganz sanft aus einem Traum auf, in dem ich ein Kind gebäre. Ich bin in einem öffentlichen Gebäude, es könnte einer der Kirchenkeller hierzulande sein (die Decke ist recht tief), und plötzlich aus heiterem Himmel weiß ich, dass die Zeit meiner Entbindung da ist. Ich prüfe immer wieder, wie weit alles ist. Es ist schmerzlos. Einige Frauen sind in dem Raum. Waltraud ist auch da. Ich sehe hinunter zwischen meine Beine und sehe schon den Kopf des Kindes - verschrumpelt, rot, wie ein Neugeborenes. Es schreit nicht. Ich bewege mich durch den Raum und suche nach einem Ort, wo ich entbinden kann. Die Entbindung selbst passiert nicht mehr im Traum. Ich wache auf, und es dauert einige Minuten, ehe mir aufgeht, dass ich als Mann ja kein Kind bekomen kann. Im Traum hat alles so natürlich gewirkt. Im Traum hat auch niemand die Frage gestellt, wie ein Mann ein Kind bekommen kann. Ich stehe auf und spreche den Traum auf Tonband, allerdings in Englisch, als wäre es in Englisch passiert. Der Traum war überhaupt nicht dramatisch. Ich bin glücklich über ihn. Ich ahne, dass er von meiner weiblichen Seite handelt und von ihrer Fähigkeit, Leben zu tragen und in die Welt hineinzugeben.

Dezember ist die Zeit des Jahres, in der ich mich am liebsten an meinem Schreibtisch vorstelle. Die Lampe so gestellt, dass sie auf dieses Buch, in dem ich meine Eintragungen mache, fällt. Mildes Licht, der Rest des Zimmers in Dunkel getaucht. Draußen Regen oder Schnee. Alles wird Innenraum. Die Umwelt versinkt. Ich bin geborgen. Mich so am Schreibtisch sitzen zu sehen, kann mir irgendwo glücken, und augenblicklich wird das verwandelt, worin ich stehe. Der Innenraum, auf den ich zustrebe, wird so lebendig, dass er ein großes Tragvermögen entwickelt.

Ich halte das Glück mit Vorsichtigkeit fest, mit Schweigen, mit geschlossenen Augen, mit Dankbarkeit. So bleibt es vielleicht eine Minute, eine Stunde, einen Tag länger bei mir. Aber nie gehört es mir, nie habe ich ein Recht auf es. Es wählt mich, es geschieht etwas an mir, was ich nicht verstehe. Ich kann mich des Glücks nicht rühmen.

Manchmal reicht es mir aus, mich mit mir selbst zu unterhalten. Ich erfülle die Wege zu mir und von mir fort. Es reicht mir dann auch, dich auf dem Weg zu dir selbst zu sehen. In einem jeden von uns liegt beschlossen, was wir sind und sein werden.

Und dann gibt es Tage, da suche ich dich, weil es nicht ausreicht, von dem Reichtum in mir zu lernen. Noch kenne ich nicht alle Stimmen in mir und brauche deine, um zu hören, was noch in mir angelegt ist. Ich brauche deine Fremdsprache und deine Vertrautheitssprache. Auf sanfte Weise führt mich das zu dem zurück, mit dem ich lebe und sterben werde: zu mir.

Jetzt lerne ich, den einen Tag nicht mit dem andern zu verwechseln. Mit mir zu reden, in Vertrautheit und als Herausforderung, und mit dir zu reden mit Sehnsucht und in Not. Und von dem einen Tag nicht die Ernte des andern zu erwarten.

Tief in uns liegt das Gefühl, dass es jemand geben muss, der unser Leben heilt – der das wieder zusammensetzt, was zerbrochen ist.

Es passiert so wenig, weil so viel passiert.

Manchmal meine ich, dass schon das Am-Leben-Sein etwas Schmerzhaftes ist. Ich suche dann etwas, was diesen Schmerz wohl verursachen kann, und finde auch etwas. Dann stelle ich mir die Umstände verändert vor und merke, dass hinter dem spezifischen Schmerz noch ein tieferer Schmerz wohnt. Am Leben sein und empfindsam bleiben schafft dieses Loch in der Magengegend. Mit dem Wort „Weltschmerz" hat man diesen Zustand fast belächelt und dabei verloren, was dahinter steckt.

Am Meer zu stehen, löst in mir den Wunsch aus, das Meer in mir aufzunehmen, mich in es zu betten, in seine Weite, in die Endlosigkeit, mit der es die gesamte Erde umgibt. Um es aufzunehmen, muss ich leer werden. Wenn ich leer geworden bin, kann ich das Meer in mir aufnehmen, brauche es aber nicht mehr. Vielleicht ist es die ganze Zeit nur um das Leerwerden gegangen. Vielleicht geht es immer nur darum.

Vielleicht geht es immer nur um das Leerwerden.

Vielleicht geht es immer nur um das Leerwerden.
Vielleicht geht es immer nur um das Leerwerden.
Vielleicht geht es immer nur um das Leerwerden.

Von Jahr zu Jahr scheint mir die Zeit kostbarer zu werden, mehr zu wiegen. Darum ist sie mehr zu beschützen und weniger zu vergeuden. Ich kann Menschen verstehen, die die Zeit als ihren kostbarsten Besitz empfinden. Sie wird ja auch von Tag zu Tag weniger. Zeit zu haben wird für mich auch immer mehr eine Sache, die ich körperlich empfinde. Ich spüre und erlebe die Zeit. Sie ist ein Raum, in dem ich mich bewege, frei bewege. Ich kann in dem Raum Zeit spazierengehen, die Arme heben, schnaufen, stillstehen. Das ist wie kein anderer, der Raum, in dem die Fantasie zu turnen beginnt. Da gibt es Überraschungen, die beglücken. Darum beschwert mich kaum etwas so, wie zuwenig Zeit zu haben, weil dann das Glück der Fantasie und des Fantasierens verschwindet.

In der Begrenzung und Reduzierung auf das Wesentliche entsteht eine Art von Unendlichkeit, die es in der sonstigen Vielfalt nicht gibt. Ich spüre, wie ich die feinen Nuancen noch nicht ausgeschöpft habe, es gibt immer mehr Möglichkeiten, je wichtiger ich das Kleine und Unscheinbare nehme. Gerade in der Reduzierung liegt die Unendlichkeit. Es geht dabei nicht um das Entdecken eines neuen Gebietes, sondern um die Erfüllung des Alten. Gerade in den Fesseln entfessele ich meine zielgerichtete Energie. Ich werde zum Künstler an den Fesseln und durch die Fesseln.

Wer nicht mehr fragt, sollte nicht lehren, weil ein Lehren ohne zu fragen, den Lehrenden arrogant werden lässt und den Lernenden verstopft.

Es gibt Momente, in denen nur unser Stummsein den Stummen eine Sprache verleiht.

Gespräch mit den Kindern. Wieder fällt mir auf, dass die Themen, die wir besprechen, wichtig sind, aber noch wichtiger ist das Gespräch selbst. Wir strecken tastende Fühler aus, wir stellen unsere Meinungen nebeneinander und entdecken die Ähnlichkeiten und Unterschiede. Wir hören und merken, dass wir beim Hören einander erfahren.

Intuitiv fühle ich: Das Weinen einer Frau trägt das Weinen aller Frauen in sich. Das Weinen eines Mannes dagegen ist einsam.

Der Körper hat seine eigene Ehre. Wenn er entwürdigt wird, zieht er sich zurück und muss mühevoll erst wieder hervorgeworben werden. Unsere Körperfeindlichkeit hat viele Körper ins Exil getrieben.

Meinen Weg geht niemand anders. Ich bin allein. Das ist Fluch und Verheißung.

Ich koche eine besondere Bohnensuppe, fange mit einem kleinen Topf an und muss dann zweimal in größere Töpfe umfüllen, bis die Suppe fertig ist. Es würde gut für vier reichen. Vier waren wir einmal. Jetzt esse ich allein. Manchmal spüre ich den Schmerz, nicht mehr so eine Familie zu sein: Waltraud in Schöntal, Silya in Whistler, Kira in Vancouver und ich hier in Burnaby. Und doch ist es auch befreiend, wie jede und jeder dem eigenen Wege nachgeht und wir uns dann ab und zu wieder alle treffen und austauschen.

Ich beende das Jahr mit der Zuversicht, dass meine Hoffnung die Welt verändert hat. Ich bin nicht zu klein, zu unscheinbar und zu kraftlos, um einen Unterschied zu machen. Ich will nicht immer wieder in Frage stellen, ob die Hoffnung das Richtige ist, sondern meine ganze Energie nutzen, um meine Hoffnung wachsen zu lassen und sie einzusetzen, wo es Hoffnungslosigkeit und Verzweiflung gibt. Nicht im Vorbeigehen will ich hoffen, sondern mit dem Kern meines Wesens, mit dem Zentrum meiner ganzen Kraft.

Sich vor dem Leben verneigen. Auch vor dem Leben in einem selbst.

Aus der Mitte leben

Ulrich Schaffer
Die innere Stimme
Ein Weg zu sich selbst
Band 5032

Die Welt in uns will gehört und gesehen werden. Zu sich selber finden heißt: auf diese Stimmen achten und sie besser verstehen.

Ulrich Schaffer
Sammle mir Kiesel am Fluß
Mehr als eine Liebesgeschichte
Band 5001

Mit den Kieseln ist es wie mit den Menschen. Jeder ist einzigartig. Die Sprache der Kiesel zu verstehen, heißt das Geheimnis der Liebe zu kennen.

Anselm Grün
Herzensruhe
Im Einklang mit sich selber sein
Band 4925

Leistung und äußerlicher Wohlstand allein können nicht bringen, wonach sich Menschen wirklich sehnen: innere Ruhe und Seelenfrieden. Der moderne Seelenführer zu einem tieferen Leben.

Anselm Grün
50 Engel für das Jahr
Ein Inspirationsbuch
Band 4902

Die 50 Engel des Jahres sind inspirierende und diskrete Begleiter des Alltags. Ein „himmlisches" Buch, zum Schmökern und Verschenken.

Anselm Grün
Jeder Mensch hat einen Engel
Band 4885

Engel: jeder Mensch braucht im Haus seiner Seele besondere Räume des Schutzes, des schöpferischen Versunkenseins. Ein spirituelles und inspirierendes Buch.

HERDER spektrum

Baltasar Gracián
Handorakel und Kunst der Weltklugheit
Mit einer Einführung von Rupert Lay
Band 5025

Der spanische Jesuit kennt die Blender, Schmeichler und die Karrieristen. 300 praktische Leitsätze, um gut durchs Leben zu kommen.

Es gibt nichts Gutes, außer man tut es
Geschichten von wahren Engeln
Hrsg. von Rudolf Walter
Band 5022

Wahre Engel brauchen keine Flügel. Geschichten von Helden des Alltags, von der ansteckenden Freundlichkeit des Herzens und von der Kunst des Helfens.

Marco Aldinger
BewußtseinserHeiterung
Weisheitsgeschichten
Band 5020

Befreit lachen, gelassen über den Dingen stehen – das kann nur, wer sich nicht selbst als Maß aller Dinge nimmt. „Ein brillantes, geistreiches Feuerwerk, das zu lesen ein Vergnügen ist.“ (ESOTERA)

Peter Baumann
Der Wind ist unser Atem
Harmonie mit der Erde
Indianische Weisheitstexte
Band 5018

Alles ist eingebunden in eine kosmische Harmonie – das ist die Grunderfahrung der indianischen Kultur. Texte, die unmittelbar anrühren.

Anthony de Mello
Mit Leib und Seele meditieren
Band 5017

De Mello verbindet die indischen Traditionen des Buddhismus und Hinduismus mit spirituellen Übungen des Abendlandes.